hänssler

Klaus Motschmann

Politik in der Kirche

Glasnost, Perestroika . . . wenn Wörter das WORT verdrängen

hänssler
Neuhausen-Stuttgart

Helmut Matthies

zum Dank für seinen
erfolgreichen Einsatz um mehr »Glasnost«
in der evangelischen Publizistik

CIP-Titelaufnahme der Deutschen Bibliothek

Motschmann, Klaus:
Politik in der Kirche : Glasnost, Perestroika...wenn Wörter d.Wort verdrängen / Klaus Motschmann.–Neuhausen-Stuttgart:
Hänssler, 1988
(Tagesfragen ; Bd. 44)
ISBN 3-7751-1349-5
NE: GT

TAGESFRAGEN Band 44
Bestell-Nr. 57.344

Umschlaggestaltung: Daniel Dolmetsch
Satz: Gerhard Schröder, Typostudio Dernbach
Druck und buchbinderische Verarbeitung: Elsnerdruck, Berlin

Mephistopheles:
»Im ganzen: haltet Euch an Worte!
Dann geht Ihr durch die sichre Pforte
Zum Tempel der Gewißheit ein.«

Schüler:
»Doch ein Begriff muß bei dem Worte sein.«

Mephistopheles:
»Schon gut! Nur muß man sich nicht
allzu ängstlich quälen;
Denn eben wo Begriffe fehlen,
Da stellt ein Wort zur rechten Zeit sich ein.
Mit Worten läßt sich trefflich streiten,
Mit Worten ein System bereiten,
An Worte läßt sich trefflich glauben,
Von einem Wort läßt sich kein Jota rauben.«

Johann Wolfgang von Goethe, Faust I

Inhalt

Vorwort

»Prüfet aber alles, und das Gute behaltet«

1. Thessalonicher 5,21

Zwei Worte erzeugten in der westlichen Welt einen weiten politisch-ideologischen Erwartungshorizont: Glasnost und Perestroika. Mit ihnen verbinden sich nicht nur Hoffnungen auf ein »Neues Denken« und neue Ordnungen in der Sowjetunion, sondern auch bei uns. Es mehren sich die Stimmen, auch in der evangelischen Kirche, die von einer »Hoffnung für die Welt«[1] sprechen und vom »Anbruch eines neuen Zeitalters« überzeugt sind. Alle Sehnsüchte nach Frieden, Verständigung und Zusammenarbeit bei der Lösung der Probleme dieser Welt, wie sie die New-Age-Ideologie bei vielen Menschen weckte, scheinen sich dank Gorbatschows Reformpolitik zu erfüllen, wenn nur der Westen zu entsprechenden Schritten auf dem Wege zueinander bereit wäre und zum Abbau der Spannungen ähnlich überzeugende Beiträge leisten würde.

Die Geschichte lehrt, gerade auch die Geschichte der Sowjetunion, daß es keine zuverlässigen Prognosen, kein »Vorher-Wissen« über den Verlauf der Geschichte gibt. Gott als der Herr der Geschichte weist den Völkern – die Sowjetunion eingeschlossen – immer wieder neue Wege, von denen wir uns »in unserer Blindheit« (Bismarck) keine Vorstellung machen können.

Die Geschichte lehrt uns auch, daß wir uns an den Realitäten orientieren sollten – und nicht an eigenmächtigen Wunschvorstellungen.

Zu den Realitäten, an die wir uns angesichts der ausufernden Diskussionen und Spekulationen um »Glasnost und Perestroika« erinnern sollten, gehört die Tatsache, daß bestimmte Worte zu bestimmten Zeiten wie Waffen wirken können. Sie können – insbesondere für die christliche Gemeinde – zur Anfechtung werden. Ihre Wirkung liegt in »wörtlichen Betäubungen«, die einzelne Menschen bis hin zu größeren Gruppen eines Volkes soweit zu lähmen vermögen, daß sie geistigen und politischen Herausforderungen nicht mehr standhalten können und sich dann freiwillig einem fremden Willen unterwerfen – sei es aus Angst, sei es aus Enthusiasmus.

Hier wird nicht behauptet, daß Gorbatschows Politik bewußt auf diese Möglichkeit abzielt, auch wenn dies nicht völlig auszuschließen ist. Realistisch gesehen sind alle Möglichkeiten zu berücksichtigen. Dies um so mehr, als Gorbatschow immer wieder betont, daß durch die Reformpolitik »kein Jota von den echten Werten des Sozialismus« preisgegeben werden soll. Im Gegenteil – sie zielt darauf ab, Lenins Ideal vom Sozialismus, welches Stalin entstellt haben soll, »endgültig und unumkehrbar« zu verwirklichen, insbesondere Lenins Idee von der »friedlichen Koexistenz«. Auf diese Weise würden die »Klasseninteressen« des Sozialismus und »allgemeinmenschlichen« Interessen gleichsam zu einem Ganzen verschmelzen.[2]

Gorbatschows Rückbesinnung auf Lenin sollte uns veranlassen, über einige Grundzüge der Politik Lenins nachzudenken und damit zu einer Entmythologisierung des Sozialismus beizutragen. Bei der Auseinandersetzung um »Glasnost und Perestroika« in der Sowjetunion sollten wir uns ebenfalls vom Prinzip Glasnost leiten lassen, um einer weiteren Perestroika unserer politischen, gesellschaftlichen und kirchlichen Ordnungen Einhalt zu gebieten.

Einleitung

Vom Schlagwort zum Zauberwort

Sokrates:
»Kommt Täuschung eher bei stark voneinander verschiedenen Dingen zustande oder bei wenig verschiedenen?«

Phädros:
»Bei wenig verschiedenen!«

Sokrates:
»Aber wenn du mit kleinen Schritten deinen Platz wechselst, wirst du eher auf die andere Seite kommen als mit großen. Also muß jemand, der einen anderen täuschen will, ohne dabei selbst getäuscht zu werden, die Ähnlichkeiten der Dinge und ihre Unähnlichkeiten genau auseinanderhalten.«

Phädros:
»Ja, selbstverständlich!«

Platon, Phaidros

Der große dänische Philosoph Sören Kierkegaard entdeckte einmal bei einem Spaziergang durch seine Heimatstadt Kopenhagen ein Schaufenster, in dem ein Schild hing:

– HIER WIRD GEBÜGELT –

Als er daraufhin am nächsten Tag den Laden aufsuchte, um ein paar Hemden bügeln zu lassen, wurde ihm erklärt, daß er sich geirrt habe. In diesem Laden verkaufe man Schilder, gebügelt werde woanders.

Ein Irrtum, der nicht aufgekommen wäre, hätte Kierkegaard die sonstigen Auslagen im Schaufenster beachtet. Um derartige Irrtümer zu vermeiden, empfiehlt es sich, die sechs »W« in der sog. Lasswell-Formel[3] zu beachten: »*W*er sagt *w*as *w*ann und *w*o zu *w*em und in *w*elcher Absicht?«

Was bei Kierkegaard die sprichwörtliche *Reaktion* eines zerstreuten Gelehrten war, hat sich inzwischen zur systematischen *Aktion,* zur Methode in der geistig-politischen Auseinandersetzung entwickelt. Es wird bewußt immer weniger darauf geachtet, daß es in einer pluralistischen Gesellschaft keine einheitliche und für alle verbindliche Orientierung gibt und demzufolge auch keine einheitlichen Definitionen maßgebender Positionen und Begriffe. Es wird bewußt übersehen, daß für Christen Begriffe wie *Frieden, Freiheit, Gerechtigkeit, Gemeinwohl, Macht* und *Recht* etwas anderes bedeuten als für Sozialisten, Konservative und Liberale. Diese Begriffe waren bislang zumindest insoweit klar, weil jede Gruppierung eindeutige Definitionen gebrauchte, entsprechend einer »Grenzbestimmung« oder »Abgrenzung«. Damit war dem einzelnen eine relativ zuverlässige Information im Prozeß der politischen Urteils- und Willensbildung möglich – eine unabdingbare Voraussetzung für jede pluralistische Staats- und Gesellschaftsordnung.

Wer das Zusammenleben von Menschen fördern will, wird deshalb für klare, unmißverständliche Positionen und Begriffe eintreten. Sie schaffen gegenseitiges Vertrauen und Sicherheit im Umgang untereinander. Keine Gruppe, keine Institution, kein Staat kommt auf Dauer ohne dieses Vertrauen aus.

Als der chinesische Philosoph Konfuzius (551 – 479 v.Chr.) von seinem jungen Kaiser kurz nach dessen Machtantritt gefragt wurde, was er tun müsse, um das zerrüttete Reich wieder zu befrieden, antwortete er kurz und bündig: »Stell' die Bedeutung der Begriffe wieder her und dulde nicht, daß in den Worten irgend etwas in Unordnung ist«.

Ist eigentlich schon jemand auf die Idee gekommen, Gorbatschow zu bitten, sprachlich korrekt und exakt zu definieren?

Geistige und politische Desorientierung

Aus dem Ratschlag des Konfuzius kann freilich auch der Umkehrschluß gezogen werden, was die Ideologen der marxistischen Kulturrevolution in den vergangenen zwanzig Jahren dann auch taten. Wenn es möglich ist, ein zerrüttetes Staatswesen dadurch zu befrieden, indem die Ordnung der Begriffe wiederhergestellt wird, dann läßt sich umgekehrt ein befriedetes Staatswesen dadurch zerrütten, daß eben Unordnung in die Begriffe kommt. Unordnung in den Begriffen offenbart unverbindliche Definitionen, die ein breites Interpretationsspektrum zulassen.

Nach diesem Umkehrschluß werden traditionelle Begriffe nicht grundsätzlich in Frage gestellt, sondern nach dem bewährten Rezept der Schlange im Paradies, der »kleinen Privatdozentin für Philosophie« (Heinrich Heine)[4], nur »kritisch hinterfragt«, d.h. nach ihrem eigentlichen, wahren, ursprünglichen Sinn befragt und für unsere Zeit uminterpretiert.

Man ist also nicht etwa gegen traditionelle Werte und Normen, sondern nur für ihre »zeitgemäße« Anwendung und Weiterentwicklung.

Man ist selbstverständlich auch nicht gegen Demokratie, sondern nur gegen ihren »Mißbrauch durch die Herrschenden«.

Man ist schon gar nicht gegen das Christentum, sondern nur gegen seinen politischen Mißbrauch in Vergangenheit und Gegenwart, wobei das eigene Gewissen darüber entscheiden soll, was unter Mißbrauch zu verstehen ist.

Schlagworte bewirken Abwehrreaktionen

Frontale semantische Angriffe durch Schlagworte, wie es bei der Studentenrevolte Ende der sechziger Jahre zur Einschüchterung des sog. Establishments üblich war, erzeugen Abwehrreaktionen. Schlagworte hatten und haben ihren taktischen Sinn in einer raffinierten Strategie: sie fixieren nämlich die Aufmerksamkeit auf eine scheinbare Gefahr und lenken damit von der wirklichen Gefahr ab.

> »Dort, wo das Böse sich in seiner Gottlosigkeit zeigt, dort ist es ein Kinderschrecken, dort brauchen wir es nicht zu fürchten, ja dort konzentriert es dann auch gar nicht seine Gewalt, sondern dort lenkt es meist nur ab von dem anderen Ort, an dem es nun wirklich durchbrechen will.
> Und hier ist es eingehüllt in das Kleid der Frömmigkeit. Der Wolf in Schafskleidern, der Satan in der Lichtgestalt des Engels – das ist das angemessene Bild des Bösen« (Dietrich Bonhoeffer).[5]

Aus diesem Grunde hat der Satan auch den Beinamen Luzifer. Das heißt Lichtträger, abgeleitet aus dem lateinischen »lux«. »Lux« kann übersetzt werden mit *Licht, Helligkeit, Klarheit, Öffentlichkeit, Rettung,* russisch: *Glasnost.* Sollte es wirklich Zufall sein, daß Glasnost in der gegenwärtigen Auseinandersetzung in und mit der Sowjetunion eine so wichtige Rolle spielt? Christen glauben nicht an Zufälle, sondern nur an das, was von Gott *zufällt.* Sollte in diesem Sinne nicht gründlich über die hier nur knapp angedeuteten Zusammenhänge nachgedacht werden, um unseren Gemeinden und darüber hinaus unserem Volk Orientierungen zu ermöglichen?

In einer Situation, in der der Mensch die wirkliche Herausforderung nicht erkennt, kann er auch nicht angemessen reagieren. Er kann diese Herausforderung aber nicht erkennen, wenn es ein gleichberechtigtes Nebeneinander von Vertrautem und Unvertrautem, Bekanntem und Unbekanntem, Gesetzmäßigem und Ungesetzmäßigem, Biblischem und Unbiblischem gibt.

Genau in solch eine Situation möchte uns der »Diabolos« (griechisch: der »Durcheinanderwerfer«) mehr und mehr hineinführen, weil wir entgegen dem Rat des Konfuzius »Unordnung in den Begriffen« duldeten und noch immer dulden.

Das Selbstverständliche ist eben nicht mehr selbstverständlich; das Normale ist weithin »problematisch«; das Anormale zumindest »diskutabel« – und das alles, weil immer wieder die alte Pilatus-Frage »Was ist Wahrheit?« (Joh 18,38) gerade auch von Christen leidenschaftlich diskutiert wird. Auf dieser »ewigen Suche nach Wahrheit« wird vergessen, daß diese uns bereits in Christus geschenkt ist (Joh 14,6).

Solange der Mensch aber noch sucht und keinen Ausweg aus dem Labyrinth ständig wechselnder Positionen und Begriffe gefunden hat, ist er unfähig zu einer echten Einschätzung der politischen Lage.

Als die sowjetische Armee im Jahre 1968 die Tschechoslowakei besetzte, wurden ihre Aktionen dadurch empfindlich gestört, daß die Bevölkerung immer wieder zahlreiche Straßenschilder umstellte. So zeigten einige Schilder in die richtige und andere in die falsche Richtung. Eine zuverlässige Orientierung ohne Kompaß war dadurch nicht mehr möglich.

Entsprechendes gilt für die politische Orientierung unseres Volkes, seitdem über verbindliche Definitionen wichtiger Begriffe nicht mehr gesprochen wird. In maßgebenden Bereichen der meinungsbildenden Institutionen haben sich beachtliche semantische Wandlungen vollzogen. So wandelte sich in weiten Teilen die öffentliche Meinung über Kommunisten, die zu »engagierten Demokraten« wurden. Darüberhinaus wurden Verfassungsfeinde zu »kritischen Demokraten«, Anarchisten zu »autonomen Gruppen«, Terrorbanden zu »unorthodoxen Gruppen«, Gewalttäter zu »konfliktbetonten Jugendlichen«, Hausbesetzer zu »Anhängern alternativer Wohnkultur« und Demonstranten zu »Spaziergängern«.

Feinde verwandeln sich in »Feindbilder«

Seitdem sich auch die Sowjetunion und die übrigen Ostblockstaaten in »Sicherheitspartner« verwandelten, existieren quasi keine realexistierenden *Feinde* mehr, sondern nur noch *Feindbilder*. Bilder stellen jedoch keine reale Bedrohung dar. Gegen Bilder kann man und braucht man auch nicht zu kämpfen, weil sie kein politisch-militärisches, sondern politisch-psychologisches Problem sind. Gekämpft werden muß deshalb allein gegen diejenigen, die derartige Feindbilder aufbauen – oder nicht abbauen helfen.

Dieser Feind existiert nur noch in *den* traditionellen Wert- und Ordnungsvorstellungen (vgl. dazu Anmerkung 19) und muß *dort* bekämpft werden – nicht mit »Waffen«, sondern mit »Worten«, die ein neues, »richtiges« Denken erzeugen sollen. So erklärt es sich, daß radikaler Pazifismus und radikale Gesellschaftskritik eine unverbrüchliche Einheit bilden, wobei die »Kritik der Waffen« durch die »Waffe der Kritik« ergänzt wird, was an eine der grundlegenden Forderungen des Marxismus erinnert:

> »Die materielle Gewalt muß gestürzt werden durch materielle Gewalt, allein auch die Theorie wird zur materiellen Gewalt, sobald sie die Massen ergreift. Die Theorie ist fähig, die Massen zu ergreifen, sobald sie ad hominem (am Menschen, K.M.) demonstriert, und sie demonstriert ad hominem, sobald sie radikal wird. Radikal sein ist die Sache an der Wurzel fassen. Die Wurzel für den Menschen aber ist der Mensch.«[6]

Mit dieser Auffassung läßt sich der Kernsatz des Marxismus begründen:

»Die Kritik der Religion ist die Voraussetzung aller Kritik.«[7]

»Ketzer« bekehren sich mit »Herz und Seele«

»Kritik der Religion« heißt entgegen manchen Mißverständnissen aber nicht *»Zerstörung von Religion«* durch Verbot, Unterdrückung und Hinrichtungen. Die großen Christenverfolgungen in der alteuropäischen Geschichte, auch die in der Sowjetunion, bestätigen die Erfahrung, daß das »Blut der Märtyrer der Same der Kirche ist« (Tertullian) – daß damit also das exakte Gegenteil bewirkt wird:

> »Für jeden Ketzer, den man auf dem Scheiterhaufen verbrannte, standen Tausende andere auf. Warum das? Weil die Inquisition ihre Feinde in der Öffentlichkeit tötete und sie tötete, während sie noch unbußfertig waren: recht eigentlich sie deshalb tötete, weil sie unbußfertig waren. Die Menschen starben, weil sie ihren wahren Glauben nicht aufgeben wollten« (George Orwell).[8]

Aufgrund dieser Erfahrungen, so Orwell weiter, vermeidet es der politische Totalitarismus unserer Zeit deshalb, Märtyrer zu machen.

> »Wir bekehren ihn (den Ketzer, K.M.), bemächtigen uns seiner geheimsten Gedanken, formen ihn um. Wir brennen alles Böse und allen Irrglauben aus ihm aus. Wir ziehen ihn auf unsere Seite, nicht nur dem Anschein nach, sondern tatsächlich, mit Herz und Seele.«[9]

Wesentliche Methoden solcher »Bekehrungen« sind Veränderungen des Bewußtseins durch Veränderung der Sprache, indem bestimmte Worte verschwinden, andere hinzukommen und wieder andere einen anderen Sinn bekommen.

Es ist das alte Rezept des Verführers!

Von der Kirche des WORTES zur Kirche der Worte

»Der Teufel ist so steril, daß er zu einem ernsthaften Versucher erst wird, wenn er an Gottes Wort anknüpft (1. Mose 3), ja, wenn er das Wort der Schrift zitiert (Mt 4), so daß sein Teufelswort als Gottes Wort erscheint. Indem der Teufel das Wort der Schrift gebraucht, Worte aus der Schrift herauszerrt und sie dem Menschen so zuspricht, wie es ihm gefällt, wird er zum Versucher. Luther hat recht, wenn er die höchste teuflische Anfechtung gerade in den so folgerichtigen theologischen Gedankengängen erblickte, die der Teufel dem Sünder vorbuchstabiert.«

Edmund Schlink, 1938[10]

Im deutschen Protestantismus wird insbesondere seit 1945 ein leidenschaftlicher Streit über die politische Verantwortung des Christen und des Wächteramtes der Kirche in der Gesellschaft geführt. Die unzähligen Argumente finden sich in einer auch Fachleuten nicht mehr überschaubaren Fülle von wissenschaftlichen Werken. Fast keine Synode verläuft, ohne ein »Wort« zu einem jeweils aktuellen Problem gesagt zu haben; etwa zur Kernkraft, Südafrika, Arbeitslosigkeit, Asylantenfrage, Volkszählung oder zum Waldsterben. Zur Zeit häufen sich »Worte« zur Versöhnung mit der Sowjetunion anläßlich der Tausendjahrfeiern der russisch-orthodoxen Kirche.

Von Zeit zu Zeit werden die vielen Worte zu Denkschriften verdichtet, denen dann besondere Aufmerksamkeit zuteil wird.

Die politische Kompetenz und theologische Stichhaltigkeit solcher Denkschriften soll hier nicht erörtert werden. Es genügt der Hinweis auf die Tatsache, daß durch die Fülle solcher Worte und Denkschriften zu allen möglichen Problemen das WORT und die SCHRIFT zunehmend verdeckt werden.

Für die Kirche des WORTES – wie sich die evangelische Kirche gerne versteht – erwächst daraus ein ernstes Problem, nämlich eine zunehmende Unfähigkeit, die Geister zu unterscheiden (1. Joh 4,1), was Folgen hat in bezug auf die Lehre, Gemeindezucht und öffentliche Verantwortung der Kirche. Aus der Unfähigkeit, die Geister zu unterscheiden, erklärt sich die inzwischen beachtliche illusionäre Befangenheit, politische Irreführung und geistig-geistliche Verwirrung in weiten Teilen des deutschen Protestantismus. Viele Protestanten reagieren auf diese gefährlichen Herausforderungen wie das unglückliche Gretchen in Goethes Faust nach einem langen Vortrag über das Wesen Gottes:

»So ungefähr sagt das der Pfarrer auch, nur mit ein bißchen andern Worten.«

Scheidung der Geister

In jeder christlichen Gemeinde müßten sämtliche Alarmglocken schrillen, wenn sich derartige Unsicherheiten häufen.

Das aber ist nicht der Fall – und warum nicht? Weil von den Verantwortlichen in der Kirche immer weniger auf das geachtet wird, woran »Leben und Tod der Gemeinden hängt« (Dietrich Bonhoeffer)[11] und woran von der Urgemeinde bis zur Bekennenden Kirche immer wieder erinnert wurde, nämlich klar zwischen weltlichem und geistlichem Wort zu unterscheiden. Karl Barth meinte dazu:

> »Es ist nun einmal ein Anderes, ob dieselben weltlichen Dinge unter dem Aspekt des Reiches Gottes oder ob sie unter dem einer ihr angeblich auch sonst innewohnenden Logik, Metaphysik und Ethik gesehen werden: ein Anderes, was von dort, ein Anderes, was von hierher zu ihnen zu sagen ist. – – – Es (das Wort der Gemeinde, K.M.) wird sicher in der Regel ganz anders lauten als die Verlautbarungen von anderer Seite. Steht es in allzu breiter Übereinstimmung mit dem, was die Regierungen, die herrschenden Parteien, die Massen da und dort ohnehin sagen, dann muß es zwar nicht notwendig falsche Prophetie sein. Aber die Frage, ob es das nicht sein möchte, legt sich dann allerdings peinlich nahe und sollte von der Gemeinde sehr streng geprüft werden.«[12]

Wer prüft heute in den Gemeinden, ob die vielen nahezu gleichlautenden Worte in Kirche und Politik vielleicht »falsche Prophetie« sein könnten, so auch *Glasnost* und *Perestroika,* aber auch jene breite Übereinstimmung zum *Frieden,* zur *Gerechtigkeit,* zur *Versöhnung,* zur *Befreiung* u.a.m.? Wo wird den Christen geholfen, Definitionen und sprachliche Abgrenzungen aufzustellen, die falsche von wahren Aussagen trennen, wie es die Bekenntnissynode von Barmen im Jahre 1934 getan hat?

> »Wir verwerfen die falsche Lehre, als könne die Kirche in menschlicher Selbstherrlichkeit das Wort und Werk des Herrn in den Dienst irgendwelcher eigenmächtig gewählter Wünsche, Zwecke und Pläne stellen« (6. These).

Das war auch *Glasnost,* aber im besten Sinne, weil dadurch den Gemeinden wie dem einzelnen klare Orientierungsmöglichkeiten in die Hand gegeben wurden. Davon kann heute keine Rede mehr sein. Es sollte zu denken geben, daß Helmut Thielicke seinem letzten Buch den Titel *»Auf der Suche nach dem verlorenen Wort«* gab und es mit der bedrängenden Frage einleitete:

> »Wo ist auch nur ein kleines Anzeichen dafür erkennbar, daß hier ein Licht in die Welt scheint und daß das Salz im Erdreich wirksam wird und es vor Fäulnis bewahrt?«[13]

Kein Jota preisgeben

Klare Bekenntnisse sind keine Absage an die Zusammenarbeit mit anderen Gruppen zur Überwindung der Probleme dieser Welt – auch nicht gegenüber den Marxisten, wie immer wieder ängstlich vermutet wird. Von Anbeginn der kommunistischen Bewegung im Jahre 1848 haben es die Kommunisten verschmäht, »ihre Ansichten und Absichten zu verheimlichen« (Manifest der Kommunistischen Partei) und erklären bei jeder nur passenden Gelegenheit, daß sich ihre Ideologie zu allen anderen »wie Feuer zu Wasser verhält« (am Tage der Niederschrift dieser Zeilen SED-Politbüromitglied Hermann Axen anläßlich seines Besuches in Washington am 4. Mai 1988). Auch Gorbatschow betont immer wieder seine Prinzipientreue und versichert, daß er »kein Jota« von den Grundprinzipien des Sozialismus preisgeben werde.[14] Daß diese klaren Aussagen im Westen meist nicht verstanden werden, ist ein ernstes Problem.

Verklärung statt Klärung

Die Theologie Karl Barths hat, wenn auch sicherlich unbeabsichtigt, die Voraussetzungen dafür geschaffen, daß die

einstmals selbstverständliche Aufgabe der Geisterscheidung heute weithin mißachtet wird.
Diese Mißachtung hat über die Jahre zugenommen und damit bis heute – im Doppelsinn des Wortes – zu ihrer Aufgabe geführt.

In seinem wegweisenden »Wort an die Deutschen« vom Herbst 1945 – mit dem die »Worte« zu allen möglichen politischen Problemen eingeleitet wurden – hatte er den Deutschen – und den Christen im besonderen – empfohlen, ihr Verhältnis zum Kommunismus gründlich zu überdenken:

> »Und weil der russische Kommunismus im künftigen Deutschland auf alle Fälle eine politische, eine wirtschaftliche, eine geistige Macht sein wird, so wäre es weise, hinzuzufügen: man wird dieser Begegnung nur dann gewachsen sein, wenn man ihr ungehemmt durch überlieferte, ungehemmt auch durch gewisse neu aufgekommene Vorurteile jedenfalls aufgeschlossen und verständniswillig entgegengeht. Und was jetzt kommen muß, das müssen auf alle Fälle solche deutschen Zustände und ein solcher deutscher Geist sein, die es dem deutschen Menschen erlauben, in der Auseinandersetzung mit den heute für ihn so akut gewordenen Ideen und Forderungen des Ostens ein gutes Gewissen zu haben.«[15]

Für dieses Wort unmittelbar nach Kriegsende lassen sich – wenn auch mit Vorbehalt – bedenkenswerte Gründe anführen. Sie resultieren

- *einerseits* aus der *damals* (wie heute?) weltweit verbreiteten Hoffnung auf eine Verständigung mit »Uncle Joe« (Stalin) und auf einen dauerhaften Frieden durch Zusammenarbeit in der UNO;
- *andererseits* aus der teilweise durchaus berechtigten Kritik an bestimmten Traditionen im deutschen Protestantismus, der sich immer wieder allzusehr mit dem jeweils herrschenden politischen Zeitgeist identifiziert hatte. Eine derartige Einbindung der evangelischen Kirche in die neuen

gesellschaftlichen und politischen Strukturen Deutschlands war zu befürchten – zum Schaden für Staat und Kirche, Politik und Theologie.

Wenn Karl Barths Thesen zur Überwindung des Antikommunismus *zunächst* nur eine recht begrenzte Zustimmung in der evangelischen Kirche fanden,[16] so war doch auch der Widerspruch begrenzt.

Dies erklärt sich weniger aus dem Respekt vor dem überragenden Theologen, sondern eher aus der allgemeinen Bewußtseinslage des deutschen Protestantismus nach dem sog. »Stuttgarter Schuldbekenntnis« vom Oktober 1945. Vor allem in dem »Darmstädter Wort« des Bruderrates der EKD von 1947 wurden konkrete Hilfen zur geistigen und geistlichen Neuorientierung der evangelischen Kirche gegeben. Darin heißt es zur Erklärung der Schuld des deutschen Protestantismus:

> »Wir sind in die Irre gegangen, als wir übersahen, daß der ökonomische Materialismus der marxistischen Lehre die Kirche an den Auftrag und die Verheißung der Gemeinde für das Leben und das Zusammenleben der Menschen im Diesseits hätte gemahnen müssen. Wir haben es unterlassen, die Sache der Armen und Entrechteten gemäß dem Evangelium zur Sache der Christenheit zu machen«.[17]

Die Schuld der evangelischen Kirche lag demnach nicht allein in ihrem »falschen Reden und falschen Schweigen«[18] *während* des Dritten Reiches, sondern in ihrem Verhältnis zu jener »Gesinnung und Haltung« lange *vor* dem Dritten Reich, wie sie Karl Barth 1945 beschrieben hat. Und so wird sie bis heute ständig wiederholt:

> »Der gefährlichste deutsche Feind war und ist *nicht das Dritte Reich*. Das war nur der Schlangenkopf, die spektakuläre Erscheinung dieses Feindes. – – – Der eigentlich gefährliche deutsche Feind war und ist der Geist derer, die als sogenannte ›Deutschnationale‹ nach dem (1. Welt-) Krieg unter dem Pathos einer deutschen Befreiungs-

> bewegung allen Autoritarismus und Imperialismus, allen *Kapitalismus und Militarismus* der vergangenen Zeiten zu Ehren gebracht« haben[19] (vom Verf.).

Um die politische Anschauungsweise maßgebender Kreise des gegenwärtigen deutschen Protestantismus besser zu verstehen, sollte aufmerksam bedacht werden, *wo* sie den »eigentlich gefährlichen deutschen Feind« sehen: *nicht* im untergegangenen Dritten Reich (!), *sondern* in einem noch existierenden »System», das mit den Begriffen »Autoritarismus und Imperialismus, Kapitalismus und Militarismus« beliebig ausgedeutet werden kann. Jedoch resultiert daraus in jedem Fall – mehr oder weniger eindeutig – der »Antikommunismus«.

Antikommunismus – eine Verleugnung der christlichen Botschaft?

In der evangelischen Kirche bedeutet wahre christliche Buße demnach nicht nur radikales Abstandnehmen vom Dritten Reich, sondern auch von allen seinen »Voraussetzungen«. Auf diesen Gedankengang bezogen heißt »Umkehr, den Antikommunismus überwinden«[20] und »Brücken der Verständigung«[21] mit der Sowjetunion bauen – um nur zwei Schlagworte aus der gegenwärtigen Auseinandersetzung zu nennen.

Dabei handele es sich nicht, wird immer wieder ausdrücklich hervorgehoben, um eine Frage der politischen Vernunft, sondern um ein zentrales Thema der christlichen Theologie:

> »Der ›Antikommunismus‹ ist nicht nur dumm – er widerspricht der biblischen Botschaft. Christen müssen aber bekennen, daß sie die Opfer des kapitalistischen Fortschritts nur allzu häufig ›gerechtfertigt‹, die Stimme der Propheten überhört und die sozialistischen Ziele und Errungenschaften fälschlich verteufelt oder als ›gottlos‹ bekämpft haben. Damit wurde das Evangelium vom kommenden Reich Gottes, das auch Sündern

und Gottlosen gilt, verleugnet, wurden Fronten des Klassenkampfes verhärtet und dem Krieg und Völkermord geistig und psychologisch Vorschub geleistet.
Die Ideologie des Antikommunismus ist nicht nur eine politische Torheit, wie Thomas Mann einmal sagte, sondern verleugnet den Kern des christlichen Glaubens«[22].

Demnach verstößt der Antikommunismus also nicht nur gegen einen möglichen Grundsatz politischer Verantwortung der Kirche in unserer Zeit, sondern er verleugnet vielmehr *den Kern des christlichen Glaubens.* In Abwandlung des bekannten Sarastro-Wortes aus Mozarts Zauberflöte darf man feststellen: »Wem solche Lehre nicht geht ein, verdient es nicht, ein Christ zu sein.«

Es ist richtig, daß das politisch-geistige Gesamtklima in der evangelischen Kirche noch nicht von einem derartigen Rigorismus charakterisiert wird. Jedoch sollte hier zur Vermeidung von Mißverständnissen auch nicht nur von Einzelmeinungen am Rande eines breiten Meinungsspektrums gesprochen werden. In der *veröffentlichten* Meinung der evangelischen Kirche nämlich, die das *öffentliche* Meinungsbild prägt, bilden derartige Äußerungen keineswegs die Ausnahme.

So konnte z.B. Jörg Zink – eine nicht unbedeutende Persönlichkeit des deutschen Protestantismus – zum Weihnachtsfest 1987 einen ähnlichen Rigorismus im Rundfunk vertreten. Nach längeren Überlegungen, ob es »bei der Art, wie wir heute Weihnachten feiern [...] nicht eine Sache geistiger Hygiene wäre, es ganz abzuschaffen«, kommt Zink dann doch noch zu einer heute möglichen Sinngebung, nach der »Weihnachten für uns Deutsche mehr als 40 Jahre nach dem vergangenen Krieg brandaktuell wird«. Gemeint ist die Aussöhnung mit den Völkern der Sowjetunion. »Und wenn uns dieses Beispiel gegen den Geschmack geht, dann wäre es vielleicht besser, wir ließen Weihnachten für diesmal ausfallen oder wir schafften es ganz ab, denn dann hätte es *allen Sinn* verloren.[23] (Kursivsetzung vom Verf.)

Diese eindeutige Aussage läßt keinen Raum für verständnisvolle Interpretationen, wohl aber für eine notwendige Frage, die an den Ausgangspunkt dieses Kapitels zurückführt: *Könnte* es nicht sein, daß sich so »falsche Prophetie« auszubreiten beginnt? (Vgl. dazu noch einmal die Mahnung Karl Barths in Anm. 12.)

Diese Frage stellt sich um so dringender, als in der evangelischen Kirche heute grundsätzlich alles »kritisch hinterfragt« wird: zentrale Aussagen von Schrift und Bekenntnissen, bewährte Ordnungen des Gottesdienstes und des kirchlichen Lebens, staatliche Gesetze und gesellschaftliche Konventionen, wirtschaftliche und militärische Entscheidungen. Und nur zur »Theorie und Praxis der kommunistischen Weltbewegung« soll ein Frageverbot unsererseits akzeptiert werden?

Auf diese Weise wird seit Jahren eine *Mythologisierung* des Marxismus betrieben, die in krassem Gegensatz zur *Entmythologisierung* des christlichen Glaubens steht. Laut Bultmann könne man es nämlich dem »modernen« Menschen nicht mehr zumuten, an die »Geister- und Wunderwelt des Neuen Testaments zu glauben«. Man mutet es aber denselben modernen Menschen ganz selbstverständlich zu, an die »Geister- und Wunderwelt« des Marxismus zu glauben – trotz aller erkennbaren Widersprüche zwischen »Verheißung und Erfüllung« im sog. realexistierenden Sozialismus.

Schallverstärkung für »Glasnost und Perestroika«

Auf eine *kritische* Auseinandersetzung mit Theorie und Praxis des Kommunismus wird oft bewußt verzichtet. Das belegen verschiedene aktuelle Stellungnahmen aus dem Raum der evangelischen Kirche zur Reformpolitik Gorbatschows. Diese lassen überhaupt keinen Verdacht auf mögliche »falsche Prophetie« aufkommen, sondern betonen ausdrücklich die »breite Übereinstimmung mit dem, was die Regierungen, die herrschenden Parteien und die Massen da und dort ohnehin sagen« – vor allem in den Ostblockstaaten. Von einer in diesem

Falle naheliegenden »strengen Prüfung«, um eventuelle Mißverständnisse zu vermeiden, kann keine Rede sein.

Im Gegenteil!

In einer vom Evangelischen Kirchenbund der DDR Ende 1987 herausgegebenen Dokumentation »Neues Denken im Atomzeitalter« werden Worte und Beschlüsse evangelischer Synoden verschiedenen Zitaten Gorbatschows bzw. anderer Politiker der UdSSR und der DDR gegenübergestellt. Schließlich stellt man ausdrücklich eine »Verwandtschaft« von christlichem und marxistischem Engagement in dieser Hinsicht fest. Diese äußert sich u.a. in der *gemeinsamen* Forderung nach *gemeinsamer* Überwindung von »jahrhundertealten Denkformen und Verhaltensweisen bei der Lösung von Konflikten«.[24] Letzteres zielt im wesentlichen wohl auf christlich geprägte Denkformen und Verhaltensweisen ab, da das marxistische Gedankengut ja erheblich jüngeren Datum ist.

Diese offizielle Dokumentation des DDR-Kirchenbundes ist nicht in erster Linie für den Gebrauch im kirchlichen Dienst – »zur Friedensarbeit in den Gemeinden« – gedacht, sondern auch (besonders) als »Denkanstoß für ökumenische Partner«.

Dazu bieten sich im westdeutschen Protestantismus vielfältige Möglichkeiten – von der akademischen Ebene der Pfarrkonvente über Medien und Synoden bis zu kirchlichen Großveranstaltungen, wie z.B. dem Kirchentag.

Ein Musterbeispiel für einen solchen »Denkanstoß« bot Propst Heino Falcke aus Erfurt mit einem vielbeachteten Referat auf dem Frankfurter Kirchentag im Juni 1987 gegen den »Götzen Sicherheitsdenken«, der immer mehr vom »Verfolgungswahn befallene Menschen« in den Bann ziehe. Dagegen habe Gorbatschow – nach dem Urteil des Evangelischen Pressedienstes einer der »großen Stars des Christentreffens«[25] – mit seinem »neuen Denken« ein Zeichen gesetzt und ein Umdenken eingeleitet:

> »Gott sei Dank! Der Kopf ist schon frei. Er lernt es, neu zu denken. [...] Der Götze Sicherheitsdenken wackelt. Nun wollen wir mithelfen, daß sich dieses neue Denken ausbreitet: Bei unseren Brüdern und Schwestern im

Westen – daß sie da nicht nur wieder eine Finte dieser ›hinterlistigen Kommunisten‹ wittern, sondern die Wahrheit dieses neuen Denkens aufgreifen und beim Wort nehmen.«[26]

Zunächst sollte man den Propst aus Erfurt selber beim Wort nehmen und fragen,

- ob es zum Wesen des »neuen Denkens« gehört, bei einer nüchternen Betrachtung der sowjetischen Außenpolitik (seit 1945) gleich auf »Verfolgungswahn«, also psychopathologisches Verhalten zu schließen? Und weiter,
- ob es so völlig abwegig ist, von »hinterlistigen Kommunisten« zu sprechen, wenn Gorbatschow selber von einer »Atmosphäre der Unduldsamkeit, der Feindschaft und des Mißtrauens«,[27] zumindest während der Stalinzeit, spricht und offensichtlich erhebliche Mühe hat, diesen Zustand zu ändern? Warum denn sonst Glasnost? Warum denn Perestroika?

Damit wird Gorbatschow noch in keiner Weise mißtraut. Überhaupt sollte man nicht gleich bei allen jenen Menschen Mißtrauen vermuten, die geschichtliche Erfahrungen noch nicht verdrängt haben und deshalb nicht jede politische Kursänderung zur und in der Sowjetunion so schnell nachvollziehen, wie sich das unsere kirchlichen »Vorreiter« – so das Verständnis des ehemaligen Kirchentagspräsidenten Professor *Huber*[28] – vorstellen. In der Diffusionsforschung[29] rechnet man mit mehreren Jahren, ehe neue Ideen umgesetzt sind. Gerade wenn man die Idee eines »neuen Denkens« verbreiten will, sollte man einige Grundsätze der politischen Massenkommunikation nicht außer acht lassen.

Dazu gehört in erster Linie auch – darauf ist bereits hingewiesen worden – die Bereitschaft zu mehr »Glasnost« in der innerkirchlichen Auseinandersetzung mit »Glasnost« in der Sowjetunion. Man kann dem Schlußsatz eines langen Artikels zu den »Theologischen Bezügen und Perspektiven der gegenwärtigen ›zweiten Revolution‹ in der UdSSR« im »Korrespondenzblatt« des Pfarrervereins in der Ev.-Lutherischen Kirche in Bayern durchaus zustimmen:

> »Für die Zukunft wird darum neben der praktischen Zusammenarbeit von Marxisten, Christen und Angehörigen anderer Religionen durch das Gespräch über Fragen der Koexistenz der Religionen mit der marxistischen Weltanschauung nicht ausbleiben können«.[30]

Allerdings sollte dabei bedacht werden, daß das sog. »agenda setting« – die Bestimmung der Themen – nicht allein das Recht einer Seite ist und daß selbstverständlich unbequeme Tatsachen nicht verdrängt werden dürfen.

Das heißt konkret: Wenn sich Gorbatschow ausdrücklich zu den Idealen des Leninschen Sozialismus bekennt, muß man an einige Grundelemente dieser Politik erinnern dürfen.

Glasnost und Perestroika – Hoffnung oder Herausforderung?

»Ich hatte eine ungewöhnliche Diskussion mit Winchester. Nachdem wir über das ›Feindbild‹ geredet hatten, zeigte er mir eine Zeichnung und fragte: ›Was sehen Sie?‹

Nach kurzem Nachdenken meinte ich: ›Eine alte Frau mit einem hochgeschlagenen Pelzkragen.‹ ›Ist das alles? Sehen Sie denn keine junge Frau, die ihren Kopf leicht gedreht hält?‹

Genau das konnte man auch in der Zeichnung erkennen.

Er hatte recht gehabt. ›Man muß nicht nur die schlechten, sondern auch die guten Seiten im Leben sehen‹, sagte er wie ein Lehrer zu mir.«

Der sowjetische Publizist D. Pogorschelsky
in der sowjetischen NEW TIMES vom 11.3.1988

Die Hoffnungen, daß sich die politischen und gesellschaftlichen Verhältnisse in der Sowjetunion im Zuge der Reformpolitik Gorbatschows grundlegend ändern würden, sollten auf gar keinen Fall als Illusionismus abgewiesen werden. Die Geschichte lehrt uns (insbesondere auch die Geschichte der Sowjetunion), daß es keine zuverlässigen Prognosen über die politische und wirtschaftliche Entwicklung gibt. Immer wieder erleben wir Entwicklungen, die in der breiten Öffentlichkeit und selbst von den meisten Fachleuten nicht für möglich gehalten worden wären. Als Beispiel sei auf die Entfaltung des islamischen Fundamentalismus oder auf die Abkehr vom Maoismus in China verwiesen.

Trotz dieser grundsätzlichen Feststellung wird es selbstverständlich immer notwendig sein, den weiteren Fortgang eines Prozesses nach »menschlichem Ermessen« unter Berücksichtigung der bekannten Fakten einzuschätzen. Verantwortliches politisches Handeln verlangt eine Abwägung *aller* Chancen und Risiken und darf sich nicht auf *nur eine* Entwicklungsmöglichkeit fixieren. Man fragt sich, warum das sonst übliche »Denken in Alternativen« in diesem Zusammenhang nicht erlaubt sein soll.

Die eindeutig erklärte Absicht Gorbatschows für seine Reformpolitik ist es, die von Lenin mit der Oktoberrevolution eingeleitete Entwicklung auch *im Sinne Lenins* zu vollenden.

> »Weder gröbste Fehler noch Abweichungen von den Prinzipien des Sozialismus konnten unser Volk, unser Land, von dem Weg abbringen, den es mit seiner Entscheidung im Jahre 1917 eingeschlagen hat. Der Impuls des Oktober war zu stark. Die Ideen des Sozialismus, die die Massen ergriffen hatten, waren zu stark.«[31]

Die harte Kritik Gorbatschows sollte unbedingt im rechten Licht gesehen werden. Sie richtet sich nämlich nicht gegen die Grundentscheidungen Stalins, z.B. gegen den »an sich richtigen Kurs im Kampf gegen die Kulaken«,[32] gegen die Kollektivierung der Landwirtschaft oder die forcierte Industrialisierung, sondern nur gegen »Verstöße« bei der Durchführung dieser Politik.

Taktische Überlegungen

Diese Äußerungen wurden mit taktischen Rücksichten auf die Gegner des Reformkurses gemacht. Ein radikaler Widerspruch zu Lenins Prinzipien hätte sicher das sofortige Ende der Reformpolitik durch die Entmachtung Gorbatschows (ähnlich dem Schicksal Chruschtschows) heraufbeschworen.

Wenn aber nach einer dreijährigen Amtszeit Gorbatschows derartige taktische Rücksichten noch immer notwendig sind, um ein (möglicherweise) ganz anderes als das genannte politische Ziel zu erreichen, dann wird damit deutlich gemacht, was die Verwirklichung der eigentlichen (!) politischen Absichten Gorbatschows stark blockiert, nämlich der Widerstand einer breiten Funktionärsschicht von ca. 8 – 10 Millionen Nutznießern der bisherigen politischen Verfassung.

Deshalb sollte ernsthaft bedacht werden – was weithin nicht geschieht –, ob es sich bei der Reformpolitik nicht doch um eine *taktische Anpassung an die politische, gesellschaftliche und wirtschaftliche Realität* der Sowjetunion handelt, die ja dem ideologischen Selbstverständnis der KPdSU und allen wissenschaftlichen Prognosen ganz und gar nicht entspricht. In der Kommunikationswissenschaft spricht man in diesem Falle von einer »kognitiven Dissonanz«, von der Erfahrung eines Widerspruchs zwischen dem Soll- und Ist-Zustand, zwischen »Verheißung und Erfüllung«.

In diesem Zusammenhang sei kurz daran erinnert, daß nach 70 Jahren kommunistischer Herrschaft zentrale politische, gesellschaftliche und wirtschaftliche Probleme nachweislich und für jedermann erkennbar noch immer nicht gelöst sind. Im Interesse des Fortbestandes der Sowjetunion müssen sie aber gelöst werden!

Ungelöste Probleme

1. *Die Wirtschaft* in der Sowjetunion ist trotz aller behaupteten Vorzüge einer zentralen Planung noch immer nicht in der Lage, eine reibungslose Versorgung der Bevölkerung zu garantieren.

Im Parteiprogramm der KPdSU von 1961 hatte es noch geheißen, daß bis 1980 »die materiell-technische Basis des Kommunismus errichtet (sein wird), die für die gesamte Bevölkerung einen Überfluß an materiellen und kulturellen Gütern sichert«.[33] Vorausgesagt wurde eine Überflügelung der wirtschaftlichen Entwicklung der USA!

2. Die *»religiösen Vorurteile«* sind trotz der intensiven »systematischen und umfassenden wissenschaftlich-atheistischen Propaganda«[34] gemäß dem Parteiprogramm von 1961 nicht überwunden, sondern bestehen bei ca. 50 Millionen Menschen in der Sowjetunion fort (d.h. bei jedem fünften bis sechsten Sowjetbürger). Damit sind wesentliche Fragen nach dem Wesen der Religion bzw. dem der eigenen Ideologie aufgeworfen, die beantwortet werden müssen.

3. Die *Nationalitäten-Frage* in der Sowjetunion hat sich in den vergangenen Jahren erheblich verschärft und im März 1987 regelrechte Pogrome in den kaukasischen Sowjetrepubliken zwischen Aserbeidschanern und Armeniern ausgelöst. Auch in diesem, für den Vielvölkerstaat Sowjetunion so wichtigen Bereich, findet sich also ein weiterer eklatanter Widerspruch zum Parteiprogramm von 1961, in dem es hieß:

> »Die Entwicklung der Nationen vollzieht sich nicht auf dem Wege verstärkter nationaler Zwietracht, nationaler Beschränktheit und des Egoismus, wie dies im Kapitalismus der Fall ist, sondern durch Annäherung der Nationen, durch ihre brüderliche gegenseitige Hilfe und Freundschaft.«[35]

Hinzu kommt eine Fülle weiterer Fragen, die bislang im Sinne der »Lösung grandioser Aufgaben« gemäß den »objektiven gesellschaftlichen Entwicklungsgesetzen« noch nicht überzeugend beantwortet sind:

- *außenpolitisch* nach der desolaten, teilweise katastrophalen Situation in den meisten »sozialistischen Bruderländern« Afrikas, Asiens und teilweise Europas (Rumänien);
- *innenpolitisch* nach der Volksseuche Alkoholismus und den damit verbundenen sozialen Problemen;

- *militärpolitisch* nach dem Desaster in Afghanistan;
- *wissenschaftlich-technisch* nach dem Themenkomplex »Tschernobyl«.

Vor dem Hintergrund dieser Vielzahl von ungelösten Fragen erledigt es sich weitgehend, nach den *Motiven* für Gorbatschows Reformpolitik zu fragen. Sie resultiert zwingend aus der »Einsicht in die Notwendigkeit«, die sich auch jedem anderen Generalsekretär der KPdSU in dieser Situation aufdrängen würde. Mit dem Hinweis auf die »objektive« Notwendigkeit sollen die »subjektiven« Komponenten bei der Lösung dieser Probleme nicht bestritten, allerdings auch nicht überschätzt werden.

Was in der westlichen Diskussion gerne als »Neues Denken« apostrophiert wird, ist im Grunde nur die konsequente Beachtung einer alten taktischen Grundregel, an die Gorbatschow selber erinnert (warum also nicht auch wir?):

> »Der Führer der Revolution schätzte die Fähigkeit von Marx und Engels hoch ein, mit ›außerordentlicher Sorgfalt gerade die Übergangsformen zu analysieren, um je nach den konkret-historischen Eigentümlichkeiten jedes Einzelfalles festzustellen, wovon und wozu die betreffende Form den Übergang bildet!‹ Unsere Lehrer haben also mehrfach darauf hingewiesen, daß der Weg des Aufbaus der neuen Gesellschaft eine lange Reihe von Übergängen ist.«[36]

Im Blick auf das strategische Gesamtziel ist jeder taktische Wechsel der Wege dahin nicht nur möglich, sondern im Interesse der Gesamtstrategie geradezu eine »Pflicht« für jeden Kommunisten. Es kommt darauf an,

> »alle Formen zu meistern und es zu lernen, mit maximaler Schnelligkeit eine Form durch die andere zu ergänzen, eine Form durch die andere zu ersetzen, unsere Taktik einer jeden solchen Änderung anzupassen, die nicht durch unsere Klasse oder nicht durch unsere Anstrengungen hervorgerufen worden ist.«[37]

Es gibt gute Gründe anzunehmen, daß es sich bei dem »Neuen Denken« um taktisch neue Wege zum alten strategischen Ziel der Veränderung der Welt handelt. Perestroika also nicht allein für die Sowjetunion, sondern für die ganze Welt, wie es Gorbatschow in den Schlußsätzen seines vielgelesenen – aber immer auch verstandenen?? – Perestroika-Buches selber betont:

> »Nun braucht die ganze Welt eine Umgestaltung, das heißt, eine fortschrittliche Entwicklung, eine fundamentale Veränderung. [...] Die Umgestaltung ist ein Muß für eine Welt, die überflutet wird von Atomwaffen, die von ernsten wirtschaftlichen und ökologischen Problemen heimgesucht wird; ein Muß für eine Welt, in der noch immer Armut, Rückständigkeit und Krankheit herrschen; ein Muß für eine Menschheit, die nun der zwingenden Notwendigkeit ins Auge sieht, ihr eigenes Überleben zu sichern.«[38]

Gorbatschow hat noch nicht überzeugend nachgewiesen, worin sich dieses Ziel von dem der *»Weltrevolution«* Lenins und Stalins und dem der *»Errichtung des sozialistischen Weltsystems«* Chruschtschows und Breschnews *grundlegend* unterscheidet. Es bleibt doch wohl eine sozialistische Weltordnung, die auch von Gorbatschow angestrebt wird, so daß Gorbatschow weniger eine Hoffnung als eine Herausforderung für die Welt darstellt. Das wiederum fordert zu einer intensiven Beschäftigung mit einigen ideologischen Grundpositionen des von Lenin eingeleiteten Prozesses der »Perestroika«, einer Veränderung der Gesellschaft in Rußland und in der ganzen Welt, heraus.

Friedliche Koexistenz –ein fundamentales Gesetz unserer Epoche?

»Daß das Böse in der Gestalt des Lichtes, der Wohltat, der Treue, der Erneuerung, daß es in der Gestalt des geschichtlich Notwendigen, des sozial Gerechten erscheint, ist für den schlicht Erkennenden eine klare Bestätigung seiner abgründigen Bosheit.

Den ethischen Theoretiker dagegen macht es blind. Mit seinen vorgefaßten Begriffen vermag er das Wirkliche nicht aufzunehmen, geschweige, daß er dem ernstlich begegnen könnte, dessen Wesen und Kraft er gar nicht kennt.«

Dietrich Bonhoeffer, Ethik.

Um das Jahr 1200 schrieb ein unbekannter Mönch in Bayern ein Schauspiel, das an vielen europäischen Höfen gespielt wurde und dadurch rasche Verbreitung fand: »Ludus de Antichristo« – »Das Spiel vom Antichristen«.

Es beschreibt, wie ein europäisches Herrscherhaus nach dem anderen, durch Scheinwunder getäuscht, dem Antichristen verfällt und ihm huldigt, zuletzt auch der deutsche Kaiser Barbarossa (der dann jedoch durch Gottes Hilfe gerettet wird).

In einem Dialog des Kaisers mit dem Antichristen erfahren wir dann das Geheimnis dieses beispiellosen Erfolges:

»Mit zwei Begriffen kriege ich sie alle: ›Pax et securitas‹« (lat.: Frieden und Sicherheit).

Das war vor genau 800 Jahren!

In diesen 800 Jahren – und besonders in unserer Epoche – hat sich die narkotisierende Wirkung dieses Erfolgsrezeptes des Antichristen immer wieder trotz aller Erfahrungen vollauf bestätigt. Wir könnten sogar von einer zeitlosen Gültigkeit sprechen, und die öffentliche Auseinandersetzung um diese Begriffe liefert im Zusammenhang mit der »Friedenspolitik« Gorbatschows dazu die aktuellen Belege.

»Friedliche« Niederwerfung des Gegners?

In der Militärstrategie aller Zeiten und Völker spielt dieses Erfolgsrezept eine zentrale Rolle. Es kommt dem Militär – entgegen manchem Mißverständnis – nicht unbedingt auf ein direktes Zusammentreffen mit dem Gegner auf dem Schlachtfeld an, sondern auf die freiwillige Kapitulation des Gegners *ohne* den Einsatz der Waffen. Diese soll in erster Linie durch die Brechung seines Widerstandswillens erreicht werden, indem eine friedliche Gesinnung vorgetäuscht wird. Carl von Clausewitz hat diesen Sachverhalt in seinem berühmten Buch »Vom Kriege« (1826) wie folgt dargestellt:

> »Wollen wir den Gegner niederwerfen, so müssen wir unsere Anstrengung nach seiner Widerstandskraft abmessen. Diese drückt sich durch ein Produkt aus,

> dessen Faktoren sich nicht trennen lassen, nämlich *die Größe der vorhandenen Mittel* und *die Stärke der Willenskraft*.
> Die Größe der vorhandenen Mittel würde sich bestimmen lassen, da sie (wiewohl doch nicht ganz) auf Zahlen beruht. Aber die Stärke der Willenskraft läßt sich viel weniger bestimmen und nur etwa nach der Stärke des Motivs schätzen«[39] (Hervorhebung von Clausewitz).

Wenn die Widerstandskraft eines Volkes sich also als das Produkt von »Mitteln« × »Willenskraft« bestimmen läßt, genügt es, die »Willenskraft« auf Null zu senken, das heißt, im Jargon unserer Zeit: »Null-Bock« erzeugen. 10.000 Panzer, die wegen mangelnder Willenskraft nicht eingesetzt werden können, sind dann gleichsam einfach 0 Panzer, denn 10.000 × 0 ergibt bekanntlich Null.

Erfahrungen der Geschichte

Viele konkrete Beispiele für die erfolgreiche Durchsetzung der eigenen politischen Ziele durch Lähmung des Widerstandswillens der möglichen Gegner gäbe es aufzuführen. Hier sei nur auf die außenpolitischen Erfolge Hitlers in den Jahren 1935 – 1938 verwiesen.

Es ist heute aus naheliegenden »volkspädagogischen« Gründen weithin unbekannt, daß namhafte Politiker des westlichen Auslandes (aber auch der Sowjetunion!) in Hitler einen Garanten des Friedens sahen. Damit trugen sie zu erheblicher Verwirrung im Prozeß der politischen Urteils- und Willensbildung bei, sowohl jeweils in ihrem eigenen Land als auch in Deutschland.

So war z.B. der langjährige Vorsitzende der britischen Labour-Party, George Lansbury, nach einem Besuch bei Hitler im April 1937 – also vier Jahre nach der nationalsozialistischen Machtergreifung – endgültig davon überzeugt, daß Hitler friedliche Lösungen strittiger Probleme anstrebe und demzufolge »die Katastrophe, die ein Krieg bedeuten würde, vermieden werden wird.«[40] Aus dieser Einschätzung Hitlers folgte ganz logisch eine rasch um sich greifende Appeasement-Mentalität in der britischen Öffentlichkeit, insbesondere in der Labour-Party, in den Universitäten, Intellektuellenkreisen und beachtlichen Teilen der Kirchen. In einer von diesen Kreisen veranstalteten »Volksbefragung«[41] – dem sog. »peace ballot« – stimmten immerhin elf Millionen Briten »für den Frieden«. Und damit äußerten sie sich gegen die Bemühungen der konservativen Regierung um eine stärkere Aufrüstung.

Wozu *Aufrüstung,* da doch niemand den Frieden bedrohte? *Abrüstung* war die politische Parole – damals, und sie ist es heute.

Vor dem Hintergrund dieser innenpolitischen Verfassung Großbritanniens erklärt es sich, daß es Hitler gelang, wichtige außenpolitische Fragen vollauf »friedlich« zu lösen. So wurde die Münchner Konferenz im September 1938 mit einer »Deutsch-englischen Friedenserklärung« beschlossen. Nach der Rückkehr aus München schwenkte der britische Premierminister Chamberlain beim Verlassen des Flugzeuges demonstrativ dieses Dokument in der Hand. Er wollte damit der in Großbritannien und anderen Ländern weitverbreiteten Auffassung Hegels »sinnliche Gewißheit« verschaffen, daß der Frieden in Europa »nach der Methode der Konsultation« – so der Kernsatz dieser Erklärung – gesichert werden könne.

»Nach der Methode der Konsultation« wurden auch gemeinsam berührende Fragen mit der Sowjetunion »friedlich« geregelt; so vor allem die »territorial-politische Umgestaltung« des polnischen Staates und die Abgrenzung der »Interessensphären« im Baltikum und auf dem Balkan durch das Geheime Zusatzprotokoll zum Deutsch-sowjetischen Nichtangriffspakt vom 23. August 1939. Überzeugt davon, »daß ein starkes Deutschland die notwendige Bedingung eines dauerhaften Friedens in Europa ist«, bedauerte Molotow vor dem Obersten Sowjet am 31. Oktober 1939 – also zwei Monate nach Kriegsausbruch – daß Großbritannien und Frankreich nicht zur Konsultation mit Deutschland bereit waren, welches »die schnellste Beendigung des Krieges und den Frieden« anstrebt(e).[42]

Um möglichen Mißverständnissen vorzubeugen: Selbstverständlich kann die damalige weltpolitische Situation nicht ohne weiteres mit der heutigen verglichen werden. Die Geschichte kennt keine Wiederholungen; aber sie kennt die Analogie. Könnte es nicht sein, daß die tiefe Sehnsucht nach Frieden (und wer hätte sie nicht?) den notwendigen klaren Blick für die harten Realitäten trübt und eben dadurch in dem von Clausewitz genannten Sinne politisch mißbraucht wird?

Erfahrungen der Gegenwart

Durch die jahrelangen Abrüstungsverhandlungen und angestrebten Doppel-Null-Lösungen ist eine tatsächliche Null-Lösung bereits in greifbare Nähe gerückt: die Brechung bzw. Lähmung des Widerstandswillens gemäß der Clausewitzschen Formel. So wird in jüngster Zeit von maßgebenden Militärs eine bedrohliche Verweigerungsmentalität unter den Jugendlichen registriert. Etwa jeder zweite Jugendliche zwischen 14 und 18 Jahren in der Bundesrepublik ist inzwischen davon überzeugt, daß Soldaten nicht mehr erforderlich seien. In der Rangfolge der staatlichen Aufgaben liegt die Position »Verteidigung« inzwischen weit abgeschlagen auf Platz 10.[43] Der Schlüssel in der Heeresstruktur der Bundeswehr sei deshalb mehr und mehr der »Kampf um den guten Mann«.[44]

Diese geistige und damit auch politische Verfassung unseres Volkes ist weithin das Ergebnis der intensiven Agitation der sog. Friedensbewegung in den vergangenen Jahren. Es *muß* demnach selbstverständlich Gorbatschows Anliegen sein, diesen Trend zur freiwilligen und unkontrollierten moralischen Abrüstung zu fördern und durch eine vermeintlich neue Politik der Entspannung und Abrüstung auch das noch vorhandene Potential an Widerstandswillen weiter zu schwächen. So erklärte er in einer Ansprache aus Anlaß des 70. Jahrestages der Oktoberrevolution zu den außenpolitischen Aspekten der Perestroika:

> »Unsere Umgestaltung mit all ihren internationalen Auswirkungen beseitigt die Angst vor der ›sowjetischen

Bedrohung‹, und der Militarismus verliert seine politische Berechtigung. Wie unannehmbar und katastrophal die Vergeudung von Ressourcen für die Rüstung ist, wird immer deutlicher auch angesichts der ökologischen Gefahr sowie der wachsenden Arbeitslosigkeit, die in der neuen Etappe der wissenschaftlich-technischen Revolution zu einem Problem ganz anderer Größenordnung wird als früher.«[45]

Insofern sei Lenins Idee von der friedlichen Koexistenz durch die weltweiten Herausforderungen in allen politischen und wirtschaftlichen Bereichen zu einem »fundamentalen Gesetz der Epoche« geworden.[46] Diese Argumentation erscheint zunächst ebenso plausibel wie verantwortungsbewußt und deckt sich weitgehend mit der Stimmungslage unserer Gesellschaft – man denke nur an die Stich- (und Reiz-) worte: »Vergeudung von Ressourcen für die Rüstung« – »ökologische Gefahr« – »wachsende Arbeitslosigkeit«.

Warum aber antwortet Gorbatschow auf diese (vermeintlich) ganz *neuen* Herausforderungen unserer Zeit mit dem *alten* Schlagwort von der »friedlichen Koexistenz«? Erfordern neue Probleme nicht auch neue Ansätze zur Problemlösung? Was aber ist neu daran, wenn Gorbatschow fordert, die »Aufgaben des Überlebens der Menschheit« und der »Erneuerung der Zivilisation« gemeinsam und auf der Grundlage der Leninschen Idee der »Friedlichen Koexistenz« zu lösen? Allenfalls dies, daß Gorbatschow nicht nur von einem *Prinzip* oder einer *Idee* Lenins und der bisherigen sowjetischen Außenpolitik spricht, sondern von einem *fundamentalen Gesetz der Epoche* und damit eine noch stärkere Verbindlichkeit dieses Prinzips betont.

Fundamentale Gesetze sollte man in ihren Ursachen und Wirkungen genau kennen und entsprechend beachten. Deshalb die Frage:

Was heißt »Friedliche Koexistenz«?

Zunächst: auf gar keinen Fall das, was dieser Begriff assoziativ bewirken soll. Nirgendwo wird bei Lenin oder sonst in der kommunistischen Literatur auch nur angedeutet, daß mit diesem Begriff die Vorstellung von einem gerechten und dauerhaften Frieden unter den Völkern dieser Erde verbunden ist. Einen solchen Frieden kann es nach einer Kernthese des Marxismus erst dann geben, wenn das internationale Proletariat seine »historische Mission« erfüllt hat. Und das wird dann sein, wenn die Macht des Imperialismus endgültig gebrochen ist und – so Karl Marx – »im Gegensatz zur alten Gesellschaftsordnung mit ihrem ökonomischen Elend und ihrem politischen Wahnwitz, eine neue Gesellschaft entsteht, deren internationales Prinzip der *Friede* sein wird, weil bei jeder Nation dasselbe Prinzip herrscht – die *Arbeit*«[47] (Hervorhebungen von Karl Marx).

Bevor also nicht mit der alten Gesellschaftsordnung radikal gebrochen wird und eine neue auf der Basis gleicher Produktionsverhältnisse gebildet wird, kann es keinen wirklichen Frieden geben. Friede ist also auch nach marxistischem Verständnis weit mehr als nur *Verzicht auf Krieg:* Er ist Ausdruck einer neuen weltumspannenden Seinsordnung, die allerdings erst noch *erkämpft* werden muß.

Frieden – so verstanden – weist demnach eine deutliche, wenn auch rein *äußere Übereinstimmung* zum christlichen Friedensverständnis auf, denn auch für die Christen bedeutet Verzicht auf Krieg noch keineswegs »Frieden«! Der *unüberbrückbare Gegensatz* aber offenbart sich in der Frage nach dem *Weg zum Frieden:* Muß er »erkämpft« werden oder wird er den Menschen von Gott geschenkt?

Solange das Ziel eines weltweiten Friedens auf der Grundlage einer sozialistischen Gesellschaftsordnung noch nicht erreicht ist – weil sich der Imperialismus entgegen allen »wissenschaftlichen« Prognosen doch noch behaupten kann – sollen die internationalen Beziehungen nach den Leninschen Prinzipien der »Friedlichen Koexistenz« gestaltet werden. Nach Lenin handelt es sich dabei jedoch nur um ein zeitlich bedingtes, also taktisches Verhalten, so wie in jedem Kampf eine »Atempause« zur Sammlung neuer Kräfte notwendig ist. Ganz in diesem Sinne spricht ja auch Gorbatschow von der »Friedlichen Koexistenz« als einem »fundamentalen Gesetz *der Epoche*« und deutet damit die zeitliche Bedingtheit und Begrenztheit an. Hätte er sonst nicht von einem »fundamentalen Gesetz *des Sozialismus*« gesprochen? Warum der Hinweis auf eine »Epoche«? Was ist in der nächsten Epoche?

Lenins Aussagen genau lesen!

Es ist bemerkenswert – gerade auch, weil es in der öffentlichen Diskussion um das Prinzip der »Friedlichen Koexistenz« *nicht* bemerkt wird –, daß sich Lenin überhaupt nicht grundsätzlich zu diesem Thema geäußert hat. Das umfangreiche und detaillierte Sachregister der 40bändigen Lenin-Gesamtausgabe weist zum Stichwort »Friedliche Koexistenz« insgesamt ganze 14 Quellennachweise für dieses angeblich so grundlegende Prinzip Leninscher Politik nach.[48] Zum Vergleich sei darauf hingewiesen, daß die Quellenangaben zu den Stichworten »Revolution« – »Krieg« – »Bewaffneter Aufstand« nur nach Tausenden zu zählen sind. Selbst zu den Stichworten »Branntweinmonopol«, »Dreyfußaffäre«, »Genossenschaftswesen« oder »Farmertum« finden sich ausführlichere Nachweise als zu diesem vermeintlichen »fundamentalen Gesetz« kommunistischer Politik.

Wenn man den Aussagewert dieser wenigen Bemerkungen Lenins überprüft, muß man feststellen, daß keine einzige die mit dem Begriff »Friedliche Koexistenz« verbundenen hohen Erwartungen rechtfertigt, die ja seit langem gehegt werden und für unsere Zeit durch Gorbatschow neu bekräftigt worden sind. Im Gegenteil! Sie bestätigen immer wieder Lenins Sinn für eine rasche Umstellung auf veränderte politische Situationen – auch für das Eingeständnis vorübergehender Niederlagen, bzw. nicht erreichter Ziele. So z.B., wenn er an einer der 14 Belegstellen schreibt:

»Unsere Lage ist nun so, daß wir den internationalen Sieg, den einzigen Sieg, der uns Sicherheit gäbe, zwar noch nicht errungen, uns aber Bedingungen erkämpft haben, unter denen wir neben den kapitalistischen Staaten bestehen können, die jetzt genötigt sind, Handelsbeziehungen zu uns aufzunehmen. Im Laufe dieses Kampfes haben wir uns das Recht auf selbständige Existenz errungen.«[49]

Die Eindeutigkeit dieser Aussage läßt überhaupt keinen Spielraum für irgendwelche Interpretationen! Man braucht nur die Feststellung zu beachten, daß der »internationale Sieg [...] noch nicht errungen« sei, um Lenins Verständnis von »Friedlicher Koexistenz« richtig zu deuten. Es bezieht sich allein auf ein »friedliches Zusammenleben mit den Völkern, mit den Arbeitern und Bauern aller Nationen, die zu einem neuen Leben erwachen, zu einem Leben ohne Ausbeutung, ohne Gutsbesitzer, ohne Kapitalisten, ohne Kaufleute«[50] – so Lenin in einem Interview mit einer amerikanischen Zeitung im Jahre 1920. Dieses »friedliche Zusammenleben« ist jedoch nicht möglich, solange »die Arbeiter und Bauern eines jeden Landes ihre Kapitalisten nicht umerzogen haben.«[51] Lenin setzte – eingedenk des bei Marxisten beliebten Hegelwortes »Ist erst das Bewußtsein revolutioniert, hält die Wirklichkeit nicht mehr stand« – auf die gesellschaftsverändernden Wirkungen einer ständig »wachsenden Zahl von Broschüren, Büchern, Flugschriften und Zeitungen, die für die Sowjets eintreten und mit den Sowjets sympathisieren«.[52] Solche Medien zersetzen langsam, nahezu unbemerkt, und insofern durchaus »friedlich« die bisherigen Ordnungs- und Wertvorstellungen einer sog. bürgerlichen Gesellschaft sehr viel gründlicher, als es durch einen Krieg jemals möglich wäre.[53] Dies geschieht entweder durch echte Überzeugung von den gesellschaftlichen Vorzügen der Sowjetordnung – so vor allem bei unerfahrenen Jugendlichen und unerfahrenen Völkern[54] – oder durch die bloße Lähmung des Verteidigungwillens der politisch maßgebenden Schichten Westeuropas und der USA.

Lenin hat nie einen Hehl daraus gemacht, welche Bedeutung z.B. weite Kreise der sog. progressiven Intelligenz in Westeuropa für den Sieg und die Konsolidierung der Sowjetmacht gehabt haben. Mit Genugtuung registrierte er auch die Tatsache, daß die Arbeiter in Paris »auf den Straßen und in den Versammlungen niemanden reden ließen, der gegen das bolschewistische Rußland ein Wort zu sagen wagte«.[55] Vor dem II. Weltkongreß der Kommunistischen Internationalen stellte Lenin die sarkastische Frage, ob man nicht jenen Intellektuellenkreisen, »die derart für den Bolschewismus agitieren, eine Dankadresse senden» sollte.[56]

Was hat sich seitdem – gerade hinsichtlich dieser »Bundesgenossenschaft« – geändert, das Gorbatschow veranlassen könnte, die Prinzipien sowjetischer Außenpolitik grundlegend zu ändern???

Doch nur dies, daß trotz aller Erfahrungen mit dem Kommunismus während der vergangenen siebzig Jahre nicht nur einzelne Intellektuellenzirkel noch immer »für den Bolschewismus agitieren«, sondern jetzt auch noch zahlreiche maßgebende Persönlichkeiten und Organisationen aus Politik, Gesellschaft – und dem weltweiten Protestantismus (!) – mitwirken, die öffentliche Meinung in Westeuropa in dem von Lenin und allen seinen Nachfolgern bis zu Gorbatschow gewünschten Sinne zu beeinflussen. Damit wird – nach durchgängigem kommunistischem Urteil – ein wichtiger Beitrag zur »Veränderung des internationalen Kräftevergleichs zugunsten des Sozialismus«[57] geleistet, der von der Sowjetunion sowohl in der Strategie als auch in der Taktik als zuverlässiger Faktor einkalkuliert werden kann.[58]

Gorbatschows Aussagen genau lesen!

Gorbatschow spricht hier – durchaus zutreffend – von einem Prozeß der »materiellen und geistigen Selbstdiskreditierung der Ausbeutergesellschaft«[59], der in der sowjetischen Führung weitgreifende politische Hoffnungen weckt und rechtfertigt, das von Lenin propagierte Erfolgsrezept weiter anzuwenden.

Er wird demzufolge nicht nur passiv beobachtet, sondern aktiv gefördert, wobei selbstverständlich keine taktischen Maßnahmen mehr angewandt werden, »die aus den fünfziger, sechziger oder zuweilen gar aus den dreißiger Jahren stammen.«[60] Es ist aber ganz offensichtlich nur sehr schwer zu vermitteln, daß aus einer *taktisch* bedingten Veränderung des Weges zum Ziel nicht auf die *strategische* Preisgabe des Zieles geschlossen werden darf – wie es allerdings immer wieder der Fall ist.

Jedenfalls gibt Gorbatschow keinen Anlaß anzunehmen, daß er ein *grundsätzlich* anderes Verständnis vom Sinn der »friedlichen Koexistenz« hat als Lenin und darunter womöglich einen dauerhaften, gerechten Frieden versteht. Eine sorgfältige Lektüre seiner einschlägigen Äußerungen bestätigt vielmehr, daß Gorbatschow nicht daran denkt, bewährte Prinzipien kommunistischer Politik auch nur »um ein Jota preiszugeben«.[61] Er ist davon überzeugt, daß der Kommunismus nicht nur eine nationale, sondern eine internationale Kraft ist:

> »Eine solche Kraft braucht die Menschheit heute dringend. Was die KPdSU betrifft, so stellt sie sich ihre Pläne und ihr Wirken im Innern nicht außerhalb des internationalen Zusammenhanges und natürlich nicht losgelöst von der Bedeutung vor, die diese für unsere gleichgesinnten und für die fortschrittlichen Kräfte insgesamt haben oder haben können. Wir selbst haben stark zu spüren bekommen, wie in der Periode der Stagnation der internationale Impuls des Sozialismus schwächer wurde. So gesehen war die Umgestaltung in der UdSSR auch von diesem Standpunkt aus herangereift. Wir sind uns über die Bedeutung unserer Arbeit in der neuen Etappe nicht nur in weltweiter ökonomischer und politischer Hinsicht, sondern auch vom Standpunkt der moralischen Unterstützung der Kräfte des Sozialismus, der Demokratie und des Fortschritts voll bewußt.«[62]

Auch dieser Text kommentiert sich am überzeugendsten von selbst. Um die Dinge beim Namen nennen zu können, mache man sich klar, welche politischen Ziele die »Kräfte des Sozialismus, der Demokratie und des Fortschritts« in den westlichen Ländern, z.B. in der Bundesrepublik, anstreben: nämlich die Überwindung der kapitalistischen Ausbeutergesellschaft. Darin werden sie auch weithin von Gorbatschow unterstützt.

Insbesondere ist hier auch an die aktive Unterstützung der sog. Befreiungsbewegungen in der Dritten Welt zu denken, die teilweise langjährige »Stellvertreterkriege« mit Millionen Opfern gegen den »Imperialismus« führen (z.B. in Angola, Mozambique, Äthiopien oder Nicaragua). Dadurch tragen sie ebenfalls zur »Veränderung des internationalen Kräftevergleichs zugunsten des Sozialismus«[63] bei.

Diese Unterstützung entspricht den grundlegenden Prinzipien des »proletarischen Internationalismus«. Sie widerspricht insofern nicht den Prinzipien der »Friedlichen Koexistenz«, als weder Lenin noch einer seiner Nachfolger nachgewiesen hätte, daß durch diese Politik irgendwelche Grundprinzipien der kommunistischen Weltbewegung außer Kraft gesetzt würden.

Sie sind – und bleiben – in Kraft, obwohl man es in der westlichen Öffentlichkeit weithin nicht wahrhaben will. Man darf hinzufügen: gerade deshalb!

Karl Barth »schrie« – wer »schreit« heute?

In diesem Zusammenhang sollte wieder einmal daran erinnert werden, daß Karl Barth – einer der geistigen Väter der Bekennenden Kirche – im Jahre 1938 laut »schrie«, um vor den Illusionen eines falschen Friedens mit dem Dritten Reich zu warnen. War das, was von den Westmächten in Verhandlungen mit Hitler erreicht wurde – z.B. die erwähnte deutsch-englische Friedenserklärung vom 30. September 1938 – der Frieden, von dem die Bibel spricht und von dem deshalb auch die Christen *sprechen,* zumindest aber *wissen* sollten? Dazu Karl Barth in einer heute ebenfalls weithin unbekannten Erklärung:

> »Die Kirche kann und muß wohl den Frieden verkündigen; sie muß aber in jeder neuen Situation neu offen

dafür sein, aus *Gottes Wort* zu hören, was jeweils unter Frieden zu verstehen ist. Sie kann sich also nicht darauf festlegen, daß dieser Friede durchaus und unter allen Umständen darin bestehen müsse, daß nicht geschossen wird. [...]

Die Diktatur ist das ausgesprochene Regiment der bewußten und planvollen Ungerechtigkeit und Unfreiheit. *Die Diktatur als solche ist die Bedrohung des gerechten Friedens.* Im Zeitalter der Diktaturen muß die Kirche in allen noch nicht von ihr beherrschten Ländern mit dem Willen zum Frieden auch die Bereitschaft zu dessen Verteidigung gutheißen und *fordern.* Sie hat um des Evangeliums willen und durch die Verkündigung des Evangeliums den demokratischen Staat aufzurufen, um jeden Preis, *auch um den von Not und Untergang,* starker Staat zu sein, das heißt den Diktaturen an seinen Grenzen mit allen Mitteln Halt zu gebieten.

Und sie hat ihren Gliedern um des Evangeliums willen und durch die Verkündigung des Evangeliums zu sagen, daß es etwas gibt, das schlimmer ist als Sterben und Töten: *das freiwillige Ja-Sagen zu der Schande der Herrschaft des Antichrist«*[64] (Kursivsetzungen vom Verf.).

Aus diesem Text läßt sich selbstverständlich keine unmittelbare Antwort auf die *heutigen* Fragen nach der Sicherung des Friedens ableiten; es ist ja ausdrücklich bemerkt, daß wir in jeder neuen Situation neu auf das Wort Gottes zu hören haben. Wir sollten uns allerdings daran erinnern lassen, daß aus dem Wort Gottes kein prinzipielles Nein zur militärischen Sicherung des Friedens herauszuhören ist – wie aus vielen Worten der Kirche.

Stalinismus – »Entartung« des Sozialismus?

»Wenn wir sagen, daß die Nachfolger Lenins, von Stalin bis Breschnew, vor den Augen der Welt das reine Antlitz der Oktoberrevolution verdunkelt haben, daß ihr Dogmatismus den Marxismus verarmt und entstellt hat und zum Hindernis für die wissenschaftliche Analyse der inneren Widersprüche des Kapitalismus geworden ist und die revolutionären Möglichkeiten aller kommunistischen Parteien begrenzte […], so stellt das die Bedeutung der Oktoberrevolution (nicht) in Frage.«

Roger Garaudy, 1969

Politische Legenden führen bekanntlich ein zähes Leben. Besonders hartnäckig hält sich die Legende von der »Entartung« des Sozialismus durch Stalin, weil sie immer wieder mit Erfolg reaktiviert wird,

- sei es im Interesse der Stabilisierung der eigenen Machtpositionen;
- sei es im Interesse der Rehabilitierung des Marxismus als Herrschaftsideologie.

Neuerdings gehen kräftige Impulse zu ihrer Belebung von Gorbatschow aus, so wenn er feststellt:

> »Es ist vollkommen offensichtlich, daß gerade das Fehlen des nötigen Niveaus der Demokratisierung der sowjetischen Gesellschaft sowohl den Personenkult als auch die Verletzungen der Gesetzgebung, die Willkür und die Repressalien der dreißiger Jahre ermöglichte. Offen gesagt – Verbrechen auf dem Nährboden des Machtmißbrauchs. Tausende Mitglieder der Partei und Parteilose waren Massenrepressalien ausgesetzt. Das ist die bittere Wahrheit. Dem Sozialismus und dem Ansehen der Partei wurde ernster Schaden zugefügt. Darüber müssen wir offen sprechen. Das ist notwendig, damit sich das Leninsche Ideal des Sozialismus *endgültig* und *unumkehrbar* durchsetzt. [...]
>
> Manchmal wird behauptet, Stalin habe von den Gesetzlosigkeiten nichts gewußt. Aus den Dokumenten, über die wir verfügen, geht hervor, daß dies nicht so ist. Die Schuld Stalins und seiner nächsten Umgebung gegenüber Partei und Volk für die zugelassenen Massenrepressalien und die Gesetzlosigkeiten ist gewaltig und unverzeihlich. Das ist eine Lehre für alle Generationen«[65] (Kursivsetzungen im Text vom Verf.).

Das ist in doppelter Hinsicht ganz klar formuliert:

- sowohl in der klaren Verurteilung der Verbrechen »Stalins und seiner nächsten Umgebung«
- als auch in dem Bekenntnis zum »Leninschen Ideal des Sozialismus«, dem sich Gorbatschow ganz offenkundig ver-

pflichtet fühlt und das nun »endgültig und unumkehrbar« durchgesetzt werden soll.

Letztere Aussage trägt wesentlich dazu bei, Gorbatschows Politik zu verstehen. Sie wird in der gegenwärtigen Auseinandersetzung zu diesem Thema allerdings meist genausowenig beachtet wie der ständige Hinweis auf das »Leninsche Ideal des Sozialismus«, bzw. entsprechende Formulierungen. Warum macht man sich nicht klar, was es mit diesem Leninschen Ideal konkret auf sich hat?

Gorbatschow stützt mit dieser Argumentation *gegen* Stalin und *für* Lenin die vor allem von westeuropäischen Linksintellektuellen gepflegte Zwecklegende, daß aus dem Stalinismus keinerlei Rückschlüsse auf den Marxismus-Leninismus gezogen werden dürften. Stalin sei eben doch – ganz im Gegensatz zu Hitler – ein bedauerlicher »Betriebsunfall« in der Geschichte, in diesem Falle des Sozialismus.

Ein besonderes Gewicht erhielt diese Legende durch Chruschtschows berühmte Geheimrede auf dem XX. Parteitag der KPdSU im Jahre 1956. Damit wurde der Prozeß der Entstalinisierung eingeleitet, der dieselben Hoffnungen weckte wie heute Gorbatschows Perestroika. Aber dieser Prozeß kam über einige Anfänge nicht hinaus und – nach Gorbatschows eigenen Worten – »Mitte der sechziger Jahre faktisch zum Stehen.«[66] Bemerkenswerterweise fragt Gorbatschow jedoch nicht danach, warum er zum Stehen kam. Wenn man wirklich die »Positionen der historischen Wahrheit« beachtet,[67] stellt man fest, daß die Verbrechen in den dreißiger und vierziger Jahren eben nicht allein Stalin angelastet werden können, wie es *heute* üblich ist, sondern der Partei insgesamt. Stalin ist in der Partei an der Seite Lenins emporgestiegen; Stalin wurde auf Vorschlag Lenins (!) von der Partei in das höchste Amt des Generalsekretärs gewählt und war sich der Zustimmung der Partei bereits zu einer Zeit sicher, als in ihr noch die Leninschen Normen des Parteilebens beachtet werden mußten. Erst recht war das der Fall nach den großen Parteisäuberungen der dreißiger Jahre.

Stalin – der legitime Nachfolger Lenins

Die Kritik, die maßgebende Parteigenossen Anfang der zwanziger Jahre an Stalin übten, insbesondere an seiner Kandidatur für das Amt des Generalsekretärs und der damit verbundenen Machtkonzentration in seinen Händen, ist von Lenin persönlich zurückgewiesen worden – so z.B. in einer Rede auf dem XI. Parteitag im April 1922:

> »Preobrashenski hat hier leichthin eingeworfen, daß Stalin (bereits) in zwei Volkskommissariaten (d.h. in zwei Ministerien, K.M.) sitzt. Aber wer von uns ist ohne Sünde? Wer hat nicht gleichzeitig mehrere Verpflichtungen übernommen? Und wie soll man es auch anders machen? [...] Das sind doch alles politische Fragen! Und diese Fragen müssen gelöst werden, denn das sind Fragen, die die europäischen Staaten jahrhundertelang beschäftigt haben. [...] Wir sind dabei, sie zu lösen, und wir brauchen einen Menschen, zu dem jeder beliebige Vertreter einer Nation kommen kann, um ihm ausführlich zu erzählen, was er auf dem Herzen hat. Wo ist ein solcher Mensch zu finden? Ich glaube, auch Preobrashenski könnte keine andere Kandidatur nennen als die des Genossen Stalin.«[68]

In diesem Zusammenhang hat sich Lenin grundsätzlich gegen eine Trennung von Partei- und Staatsfunktionen um einer gegenseitigen Kontrolle willen ausgesprochen und damit die institutionellen Möglichkeiten für Stalins Machtmißbrauch geschaffen. Lenin war es »absolut« unverständlich, »wie ein Mensch, der Sinn für lebendige Politik hat, nach fünfjährigem Bestehen der Sowjetmacht einen solchen Vorschlag machen und darauf bestehen kann. Man kann doch unmöglich genau abgrenzen, welche Frage politischer und welche organisatorischer Natur ist. Jede politische Frage kann eine organisatorische sein und umgekehrt.«[69]

Stalin hat die Macht also weder durch Intrigen noch durch Terror an sich gerissen; sie ist ihm vielmehr auf dem von Lenin vorgezeichneten Weg einer innerparteilichen Willensbildung und durch den persönlichen Einsatz Lenins übertragen worden. Stalin darf deshalb als der legitime Nachfolger Lenins bezeichnet werden.

Daran ändert auch die Tatsache nichts, daß Lenin in einem Brief an den XII. Parteitag vom 25.12.1922 (dem sog. Testament Lenins) bei der Charakterisierung seiner möglichen Nachfolger bezüglich Stalins Amtsführung zu bedenken gab: »Ich bin nicht sicher, daß er diese Macht immer mit genügender Vorsicht zu gebrauchen versteht.«[70], und in einem weiteren Brief vom 4.1.1923 sogar vorschlug, »sich zu überlegen, wie man Stalin ablösen könnte«.[71]

Dazu muß bemerkt werden, daß Lenin bereits ein schwerkranker Mann war, als er diese Briefe schrieb, und noch dazu unter dem Eindruck einer groben Taktlosigkeit Stalins gegenüber Lenins Frau Krupskaja stand. So bedenkenswert diese Äußerungen auch sind, so sollte doch hinsichtlich einer Beurteilung Stalins nicht zuviel daraus gefolgert werden.

Eine Begebenheit am Ende eines langen gemeinsamen Weges reicht sicher nicht aus, um zuverlässige Aussagen zu begründen. Wer käme wohl auf die Idee, einen Gegensatz von Hitler zu Himmler und Göring zu konstruieren, nur weil er diese beiden alten Parteigenossen noch kurz vor Kriegsende aus der NSDAP ausgestoßen hatte?

Ganz offenkundig war dies auch der Standpunkt des Zentralkomitees der KPdSU. Als das Testament Lenins nach seinem Tode auf einer Sitzung des Zentralkomitees im Mai 1924 verlesen und diskutiert wurde, schloß sich die Mehrheit dem Urteil Sinowjews – damals Präsident der Kommunistischen Internationale und nicht eben ein Parteigänger Stalins – an: Das Gelöbnis, alles zu erfüllen, was Lenin geboten habe, sollte selbstverständlich beachtet werden. Glücklicherweise könne man aber feststellen, daß »Lenins Befürchtungen in einem Punkte unbegründet waren«[72], nämlich hinsichtlich der Beurteilung Stalins. Die Zusammenarbeit mit Stalin sei vollauf befriedigend verlaufen, so daß Stalin im Amt des Generalsekretärs bestätigt werden sollte. Um Irritationen in der Öffentlichkeit zu vermeiden, beschloß das Zentralkomitee mit

40 : 10 Stimmen, das Testament Lenins nicht zu veröffentlichen, wohl aber die Bezirksdelegierten über den Inhalt vertraulich zu unterrichten.

Tatsächlich wurde Stalin dann auf Vorschlag des Zentralkomitees vom XIII. Parteitag der KPdSU im Mai 1924 als Generalsekretär wiedergewählt. Auf allen Ebenen des Parteilebens war man davon überzeugt, daß Stalin der fähigste Führer der Partei sei, um das Vermächtnis Lenins zu erfüllen und die »Einheit unserer Partei wie unseren Augapfel zu hüten«.[73] Stalin seinerseits tat alles, um dieses Vertrauen zu rechtfertigen und berief sich bei allen wichtigen Entscheidungen auf Lenin – zumindest ebenso überzeugend wie heute Gorbatschow!

Auch Stalin versprach – wie Gorbatschow heute – gegen jede Verletzung der Leninschen Normen des Parteilebens energisch vorzugehen, insbesondere gegen Machtmißbrauch verschiedener Funktionäre und gegen Korruption. Unter dem Beifall der Delegierten des XIII. Parteitages erklärte er:

> »Leider gibt es bei uns noch eine gewisse Anzahl von Parteimitgliedern, die ein Monatsgehalt von 1.000 und 2.000 Rubeln beziehen, als Mitglieder der Partei gelten und vergessen, daß die Partei existiert [...] Solche Parteimitglieder müssen erzogen und umerzogen werden, mitunter durch Ausschluß aus der Partei.«[74]

Keine »Entartung« des Sozialismus – sondern »schöpferische Weiterentwicklung«

Was immer auch Stalin entschied:

- stets konnte er sich, mehr oder weniger überzeugend, auf Lenin berufen;
- stets konnte er sich auf die Zustimmung der zuständigen Parteiorgane berufen.

Selbst dort, wo ein scheinbarer – oder auch tatsächlicher – Widerspruch zu Lenin registriert werden konnte, vermochte ihn Stalin dialektisch aufzulösen. Wie hatte doch Lenin immer und immer wieder gelehrt: »Unsere Theorie ist kein Dogma, sondern eine *Anleitung zum Handeln*«.[75] (Sperrung bei Lenin).

Eine bloße Nachahmung Leninscher Entscheidungen ohne Berücksichtigung veränderter politischer Umstände – darin hatte Stalin völlig recht – wäre geradezu ein Verrat an einem der wesentlichen *taktischen* Grundsätze Lenins gewesen:

> »Ein Rezept oder eine allgemeine Regel, brauchbar für alle Fälle (›keinerlei Kompromisse‹), fabrizieren zu wollen, wäre Unsinn. Man muß selber einen Kopf auf den Schultern haben, um sich in jedem einzelnen Fall zurechtzufinden. Gerade darin besteht unter anderem die Bedeutung der Parteiorganisation und der Parteiführer, die diesen Namen verdienen.«[76]

Stalin konnte also davon überzeugt sein, daß er als »treuer Schüler des großen Lenin« nicht nur berechtigt, sondern geradezu verpflichtet war, den Sozialismus »schöpferisch weiterzuentwickeln«. Von einem Bruch mit den »Leninschen Idealen des Sozialismus« – wie es ihm heute Gorbatschow vorwirft – kann demzufolge überhaupt keine Rede sein.

Frühe Kritik an der Diktatur Lenins

In diesem Zusammenhang sollte daran erinnert werden, daß prominente Sozialisten, wie z.B. Rosa Luxemburg, von den »Leninschen Idealen des Sozialismus« ein erheblich anderes Urteil als Gorbatschow hatten. Bereits ein Jahr nach der Oktoberrevolution beklagte Rosa Luxemburg in Sowjetrußland ein »Erdrücken des politischen Lebens« durch Lenins Führungsstil:

> »Im Grunde also eine Cliquenwirtschaft – eine Diktatur allerdings, aber nicht die Diktatur des Proletariats, sondern die Diktatur einer Handvoll Politiker, d.h. Diktatur im bürgerlichen Sinne, im Sinne der Jakobiner-Herrschaft.«[77]

Nicht Stalin, sondern Lenin hat eine »Diktatur im Sinne der Jakobiner-Herrschaft« etabliert, derer sich dann Stalin 28 Jahre lang – ohne ernsthaften Einspruch der Partei! – bedienen konnte. Mit der Abschaffung des Parlaments, der unabhängigen Gerichte, der übrigen Parteien und der Pressefreiheit sowie durch Schaffung der berüchtigten Geheimpolizei TSCHEKA hat *Lenin* die institutionellen Voraussetzungen für die von Gorbatschow beklagten Massenrepressalien Stalins geschaffen. – Und er hat sie dann selbst auch verübt.

Einen Eindurck von dem Ausmaß der »Jakobinerherrschaft« Lenins in den ersten Jahren nach der Oktoberrevolution vermittelt folgende Übersicht, die auf übereinstimmenden statistischen Erhebungen des Roten Kreuzes, französischer und belgischer Wissenschaftler basiert.[78] Danach sind als Folge des sog. Roten Terrors der Jahre 1921/23 umgekommen:

– Angehörige der Intelligenz	160.000
– Beamte, Bürger, Offiziere	740.000
– Angehörige der Polizei	50.000
– Geistliche	40.000
– Arbeiter und Angestellte	1.300.000
Hinzu kommen die Opfer der durch die Revolutionswirren bedingten Hungersnot	6.000.000
Gesamtzahl der Opfer mindestens	8.290.000

Warum spricht Gorbatschow nicht auch von *dieser* »bitteren Wahrheit« und wirft nur Stalin »Verletzungen der Gesetzgebung, Willkür und Repressalien« vor? Wurde durch diese Terrorherrschaft Lenins dem Ansehen des Sozialismus und der Partei kein »ernster Schaden zugefügt«? (Vgl. dazu noch einmal Anm. 65).

Ganz offensichtlich nicht!

Jedenfalls hat weltweit nie eine kommunistische Partei *grundsätzliche* Kritik an Lenin aufkommen lassen, sondern alle haben sich uneingeschränkt zu ihm bekannt. Aus der Kritik, wie sie z.B. Rosa Luxemburg geübt hatte, sind keinerlei weitreichende Konsequenzen für das Verhältnis der KPD zur KPdSU gezogen worden.

Späte Kritik an der Diktatur Stalins

Diese Feststellung trifft auch auf Stalin zu, wenn auch teilweise erst nach heftigen innerparteilichen Auseinandersetzungen. Doch in welcher Partei gibt es in Zeiten der Amtsnachfolge oder der Neuorientierung keine ernsthaften Auseinandersetzungen? Auch Gorbatschow muß sich bekanntlich mit erheblichen Widerständen gegen seine Perestroika auseinandersetzen. Auf die Dauer kann die Frage nicht umgangen werden, warum die Partei zu den jetzt beklagten Verbrechen Stalins nicht nur total geschwiegen, sondern sie meist ausdrücklich gebilligt hat. Daß das Zentralkomitee, das Politbüro oder der Parteitag einmal gegen irgendeine »Verletzung der Gesetzlichkeit« angegangen wäre, ist nicht bekannt.

Dies müßten auch diejenigen europäischen Linksintellektuellen gefragt werden, bei denen Stalin ein hohes Ansehen genoß, das sich oft bis zu einer Art »religiöser Inbrunst« gesteigert hatte.[79] Wer von der jüngeren und mittleren Generation kennt heute noch die »großen Gesänge«, mit denen weltbekannte Schriftsteller, Künstler und Philosophen die Sowjetunion und Stalin in unterwürfiger Haltung besungen haben? Pablo Neruda und George B. Shaw, Heinrich Mann und Bert Brecht, Pablo Picasso und Frans Masereel, Ernst Bloch und Arnold Zweig, um nur einige Namen zu nennen.[80]

Alles, was heute Gorbatschow an Stalin kritisiert, ist damals (d.h. mindestens bis zum XX. Parteitag 1956), von unzähligen Intellektuellen in Westeuropa als Ausdruck eines »primitiven Antikommunismus« zurückgewiesen worden. Insbesondere ließen sie es nicht zu, daß Stalin mit Hitler verglichen wurde. Die Verbrechen Stalins wurden zwar nicht direkt geleugnet; sie wurden aber aus der jeweils besonderen politischen Situation der Sowjetunion oder aber aus »positiven Motiven« heraus erklärt, was oft genug hieß: *ver*klärt. Immerhin wurden die »blutigen Hände« Stalins noch gesehen, aber es waren eben nicht die blutigen Hände eines Mörders, sondern die eines Geburtshelfers. Oder wie soll man die Ausführungen Karl Barths anläßlich einer Großveranstaltung im Berner Münster im Sommer 1949 sonst verstehen?:

»... dann ist es am Platz, auch im Blick auf den Kommunismus von heute das Unterscheiden nicht zu unterlassen: das Unterscheiden zwischen seinen totalitären Greueln als solchen und dem, was dabei positiv *gemeint* und *beabsichtigt* ist. Und dann kann man vom Kommunismus eben das nicht sagen, was man vom Nationalsozialismus vor zehn Jahren sagen mußte: daß es sich bei dem, was er *meint* und *beabsichtigt,* um helle Unvernunft, um eine Ausgeburt des Wahnsinns und Verbrechens handelt. Es entbehrte nun wirklich alles Sinnes, wenn man den Marxismus mit dem ›Gedankengut‹ des Dritten Reiches, wenn man einen Mann von dem Format von Josef Stalin mit solchen Scharlatanen wie Hitler, Göring, Heß, Goebbels, Himmler, Ribbentrop, Rosenberg, Streicher usw. es gewesen sind, auch nur einen Augenblick im gleichen Atem nennen wollte.

Was in Sowjetrußland – es sei denn: mit sehr schmutzigen und blutigen Händen, in einer uns mit Recht empörenden Weise – angefaßt worden ist, das ist immerhin eine konstruktive Idee, immerhin die Lösung einer Frage, die auch für uns eine ernsthafte und brennende Frage ist und die wir mit unseren sauberen Händen nun doch noch lange nicht energisch genug angefaßt haben: der *sozialen* Frage«[81] (Kursivsetzungen von Karl Barth).

Man muß sich klarmachen, wie eine derartige Aussage auf den Prozeß der politischen Urteils- und Willensbildung in Westeuropa wirkte: in einer der größten Kirchen des Abendlandes wird von einem der größten christlichen Theologen unseres Jahrhunderts auf dem Höhepunkt einer brutalen Bolschewisierung Osteuropas im Jahre 1949 festgestellt, daß es sich dabei *nicht* um eine »Ausgeburt des Wahnsinns und Verbrechens« handelt, sondern um eine »konstruktive Idee« und einen Beitrag zur Lösung der sozialen Frage.

Dabei handelt es sich keinesfalles um eine Einzelmeinung, sondern lediglich um die theologische Variante einer geistigen und politischen Verführung, in der es auf das »positiv Gemeinte und Beabsichtigte« ankommt und nicht auf die »totalitären Greuel« als solche. Diese verwirft man allerdings *erst dann öffentlich,* wenn die »konstruktive Idee« des Marxismus dadurch in Mißkredit gerät und die taktische Generallinie geändert wird.

Maurice Merleau-Ponty, langjähriger Mitstreiter Jean-Paul Sartres, hat diese Mentalität ebenso trefflich wie polemisch charakterisiert – wobei für Malenkow ohne weiteres Breschnew, Tschernenkow, Andropow oder Gorbatschow eingesetzt werden kann:

> »Die Führer wechseln, die Nachfolger Stalins verurteilen etliche seiner Taten. Der Sympathisant gibt sich nicht geschlagen. Es gab das Handeln und die Perspektive Stalins, und es gibt die Perspektive Malenkows und seiner Mitarbeiter. Die UdSSR – unklar und überdeutlich zugleich – sagt niemals ja oder nein.
>
> Der Sympathisant sagt immer ja – zu Malenkow wie zu Stalin.«[82]

Und weil er *heute* »Ja« zu Gorbatschow sagt, sagt er heute auch »Nein« zu Stalin – er folgt immer der sog. Generallinie der Partei.

»Neues Denken« – in alten Formen

»Das Gebot des alten Despotismus lautete:
›Du sollst nicht!‹

Das Gebot der totalitären Systeme hieß:
›Du sollst!‹

Unser Gebot ist:
›Sei!‹

Kein Mensch, den wir hierher bringen, hält
je seinen Widerstand gegen uns aufrecht.«

George Orwell: »1984«

Niemand vermag mit Sicherheit zu sagen, welche wirklich *dauerhaften* Ergebnisse in Gesellschaft und Politik der Sowjetunion durch Gorbatschows Perestroika erreicht werden können.

Es gibt generell keine zuverlässigen Prognosen darüber, wie politische Entwicklungen verlaufen werden – schon gar nicht in diesem Fall, angesichts der labilen politischen, wirtschaftlichen und gesellschaftlichen Verhältnisse in der Sowjetunion. Man erinnere sich nur daran, wieviele Voraussagen in der Sowjetunion schon gemacht wurden (z.B. in den bekannten Fünf-Jahres-Plänen!) – und welche sich davon erfüllt haben. Lessings »garstiger Graben« zwischen Verheißung und Erfüllung ist seit langem zu einem Massengrab verlorener und zerstörter Illusionen geworden, und er ist immer noch tief genug.

Sicher ist allerdings, daß Gorbatschows »Perestroika« einstweilen nur im Westen *sichtbare Erfolge* zeitigt: sie hat in maßgebenden Intellektuellenkreisen (und damit in weiten Teilen der sog. öffentlichen Meinung unseres Volkes) ein »politisches« Verhalten hervorgerufen, das immer weniger durch *eigene* rationale Reflexion und immer stärker durch ideologisch-irrationale »Pawlowreflexe« *(fremd-)*bestimmt wird. Von dem Kernsatz aufgeklärten Denkens: »Sápere aude! – Habe den Mut, dich deines eigenen Verstandes zu bedienen«! (Kant) ist in den politischen Auseinandersetzungen unserer Zeit kaum noch etwas zu spüren. »Isolationsfurcht« greift um sich, weil die Menschen – heute mehr denn je – »die Absonderung mehr fürchten als den Irrtum« (Alexis de Tocqueville).[83]

Die Ursachen hierfür können in diesem Zusammenhang nur ganz knapp angedeutet werden, indem auf die Ich-Schwäche des religiös entwurzelten Menschen hingewiesen wird. Aus ihr wiederum erklärt sich u.a. die Faszination für die Ideologie des Kommunismus in westeuropäischen Intellektuellenkreisen. Dabei ist es gleichgültig, in welcher »realexistierenden« politischen Form er sich im Lauf der Geschichte jeweils etabliert hatte.[84] Ob zu Zeiten Lenins oder Stalins, Chruschtschows oder Breschnews – und nun Gorbatschows: »Die Partei« hatte – und hat – immer recht! Mit den Worten Bertolt Brechts:

»Wir sind sie.
Du und ich und wir – wir alle.
In deinem Anzug steckt sie, Genosse,
und denkt in deinem Kopf.«[85]

An erschütternden Beispielen für diese »Sozialisierung des Denkens« (H.E. Carr)[86] fehlt es bekanntlich nicht.[87]

Spürbare Folgen der Stalinzeit

Als Egon Erwin Kisch, einer der maßgebenden marxistischen Publizisten, von seinem Freund Friedrich Torberg kurz nach dem Abschluß des Hitler-Stalin-Paktes zu einer Stellungnahme gedrängt wurde, antwortete Kisch kurz und bündig: »Für mich denkt Stalin«.[88]

Jürgen Kuczynski, einer der wenigen marxistischen Gesellschaftswissenschaftler, der sich die Fähigkeit selbständigen Denkens bewahren konnte, hat darauf hingewiesen, daß es bei derartigen Rückblicken in die Stalinzeit nicht auf das Verhalten *damals* ankommt, sondern darauf, daß dieses Verhalten auch *heute* noch fortwirkt:

> »Bedeutungsvoller und charakteristischer ist die Tatsache, daß es uns bisher noch nicht wieder gelungen ist, einen breiten Meinungsstreit unter uns Wissenschaftlern zu entwickeln, daß bis vor ganz kurzem die Idee wissenschaftlicher Schulen auf dem Gebiet der Gesellschaftswissenschaften als ›Abweichung vom Marxismus‹ galt. [...]
>
> Mangelnder Meinungsstreit aber muß unter allen Umständen für die Wissenschaft und auch auf anderen Gebieten des gesellschaftlichen Lebens gefährlich sein. Ich würde sagen, die ›Folgen der Stalinzeit‹ sind heute noch in vielen von uns, sicherlich auch in mir, spürbar, ohne daß wir uns dessen bewußt sind.«[89]

Einige Fragen stellen sich gleichsam von selbst:

- *W*as wird in unseren Medien und Bildungseinrichtungen getan, um der Öffentlichkeit dieses Problem bewußt zu machen?
- *W*o werden bei uns Kuczynskis Ansätze für eine radikale Auseinandersetzung mit dem Stalinismus ernsthaft diskutiert und entfaltet?
- *W*er fragt nach der »stalinistischen Vergangenheit« bekannter Politiker, Wissenschaftler und Künstler in der DDR, aber auch in der Bundesrepublik?

Von einer »Vergangenheitsbewältigung« in diesem Teil unseres politischen Spektrums kann überhaupt keine Rede sein.

Im Gegenteil!

Noch immer kann jeder Ansatz zu einer Auseinandersetzung mit dem Stalinismus in der Sowjetunion, aber auch in unserer Geschichte, als »Antikommunismus« und als »Versuch der Aufrechnung« nationalsozialistischen Unrechts erfolgreich abgewehrt werden. Der Antikommunismus wird noch immer für ein größeres Übel als der Kommunismus selber gehalten; in maßgebenden Kreisen des deutschen Protestantismus gar für eine »Schuld der Kirche« (Kurt Scharf).[90] Die Fülle von Worten zur Tausendjahrfeier der russischen Kirche aus dem Raum der evangelischen Kirchen in der Bundesrepublik und in der DDR dokumentiert eindrucksvoll, daß von einem »Neuen Denken« und von »Glasnost« in der politisch-geistigen Auseinandersetzung bislang noch nicht viel zu spüren ist.

Die Tatsache, daß die Geschichte der Sowjetunion (in bestimmten Phasen) inzwischen etwas kritischer als bisher beurteilt wird, darf nicht über die »babylonische Gefangenschaft« weiter Teile der sog. kritischen Intelligenz in den verkrusteten Denk- und Handlungsstrukturen hinwegtäuschen! Die Kritik hält sich in der Regel streng in dem von der Partei gesetzten Rahmen. Sie wird nicht geübt, weil man nach *eigenem* Wissen und Gewissen urteilt, sondern weil es der gegenwärtigen Generallinie der Partei entspricht – weil es die Partei »erlaubt«.

Parteilichkeit im Denken und Handeln

Dieses »Neue Denken« dokumentiert ebenso überzeugend wie beklemmend die Funktionsfähigkeit der alten Formen und Methoden ideologischer Gleichschaltung im Prozeß der politischen Urteils- und Willensbildung. Gerade heute kann man sie in maßgebenden Intellektuellenkreisen unseres Volkes, namentlich im deutschen Protestantismus, wieder beobachten. Sie erweist sich darin, daß bestimmte Argumente der Kritik an der Sowjetunion – z.B. am Herrschaftssystem Stalins oder an der Außenpolitik Breschnews – bis vor kurzem noch als Indiz für »primitiven« und »sturen« Antikommunismus galten. Inzwischen aber werden sie sogar als Beweis für ein »Neues Denken« in der Sowjetunion akzeptiert! Wäre es nicht intellektuell redlich, sich mit diesem eindeutigen Widerspruch im eigenen Denken offen auseinanderzusetzen, anstatt die Positionen der sog. Antikommunisten nur als Ausdruck christlicher Unbußfertigkeit abzuurteilen? Aber diese Auseinandersetzung findet nicht statt.

Das bedeutet aber konkret, daß weithin auf eigene Fragestellungen und eigene Forderungen verzichtet wird. Die großen Themen öffentlicher Auseinandersetzungen werden von den Marxisten gestellt; sie beherrschen das sog. »agenda setting«. Man braucht sich nur an Ursprung und Verlauf der großen Kampagnen der letzten zwanzig Jahre zu erinnern: ob Vietnam oder Kambodscha, Angola oder Chile, Notstandsgesetzgebung oder Neue Ostpolitik, Nachrüstung oder Volkszählungsboykott, deutsche Vergangenheitsbewältigung oder Südafrika – in der Regel wurden hiermit marxistische Fragestellungen aufgegriffen. Diese Tendenz reicht sogar bis weit hinein in die meinungsbildenden Einrichtungen der evangelischen Kirche. Wann und wo sind in der evangelischen Kirche mit auch nur annähernd vergleichbarem Engagement *in eigener Vollmacht* Themen gesetzt und diskutiert worden, z.B. die Menschenrechtsverletzungen in den Ostblockstaaten oder die vielfältigen Probleme des hemmungslosen Schwangerschaftsabbruchs in unserem Volk, dem Jahr für Jahr ca. 250.000 ungeborene menschliche Leben zum Opfer fallen?

Ernst Jünger hat einmal treffend bemerkt, daß die »geistige Unterwerfung dort (beginnt), wo man die Fragestellung aufgreift, gleich welche Antworten man dann auch findet.«[91]

Wirklich neues Denken würde sich darin erweisen, daß man sich endlich aus dem Bannkreis ideologischer Fragestellungen – ganz gleich welcher Herkunft – zu lösen beginnt, indem man nicht mehr über die mögliche Bedeutung politischer Modewörter *nach*sinnt, sondern sich auf das WORT *be*sinnt, wie es die christliche Gemeinde gerade in politischen Umbruch- und Aufbruchzeiten immer wieder getan hat. So z.B. 1934 in Barmen:

> »Der Auftrag der Kirche, in welchem ihre Freiheit gründet, besteht darin, an Christi Statt und also im Dienst seines *eigenen* Wortes und Werkes durch Predigt und Sakrament die Botschaft von der freien Gnade Gottes auszurichten an alles Volk.
>
> Wir verwerfen die falsche Lehre, als könne die Kirche in menschlicher Selbstherrlichkeit das Wort und Werk des Herrn in den Dienst irgendwelcher eigenmächtig gewählter Wünsche, Zwecke und Pläne stellen.«[92]

In der gegenwärtigen Auseinandersetzung mit Gorbatschows Reformpolitik sollte vor falschen Hoffnungen gewarnt werden!

Nicht Umbau – sondern Umkehr!

Christen sollten wissen, daß die Lösung der Probleme dieser Welt nicht durch die »Perestroika«, durch den *Umbau* politischer und gesellschaftlicher Systeme erreicht werden kann, sondern allein durch die *Umkehr* von den Irrwegen und Zielen »eigenmächtig gewählter Wünsche, Zwecke und Pläne«. Es ist richtig:

> »Unsere Welt und ihre Probleme haben sich gründlich verändert und müssen mit neuem Wissen und neuen Entwürfen angegangen werden. Aber dort, wo es um die Grundlagen der menschlichen Existenz geht, um ethische Orientierungen, da sollte man sich – in kritischer und aufgeklärter Autonomie – zu dem entschließen, wozu sich auch der verlorene Sohn nach schweren Erfahrungen entschloß:
>
> ›Ich will mich aufmachen und zu meinem Vater gehen!‹« (Karl Steinbuch)[93]

Umkehr bedeutet im Griechischen nicht nur »Reue« über den bisherigen Weg, sondern vor allem »Sinneswandel« – also wirklich »neues Denken«. Dazu muß bedacht werden, daß ein *Umbau* – und sei er noch so prachtvoll und perfekt – grundsätzlich auf dem alten Fundament und innerhalb der alten tragenden Bauteile vollzogen wird. Andernfalls würde man von einem Neubau sprechen.

Ist das alte Fundament aber wirklich tragfähig? Muß sich der Umbau in der Sowjetunion nicht aufgrund »voll internalisierter Denkmuster« vollziehen und an der »politischen Heilslehre des Marxismus-Leninismus festhalten«?[94]

Hoffnung kann von dem Umbau auf *diesem* Fundament genausowenig ausgehen wie von anderen Fundamenten eigenmächtiger menschlicher Wünsche und Pläne, sondern allein von dem, der uns verheißen hat:

»Siehe, ich mache alles neu!«

Anmerkungen

1 Zademach, W.: Glasnost und Perestroika – Hoffnung für die Welt? Ein Versuch über theologische Bezug und Perspektiven der gegenwärtigen ›zweiten Revolution‹ in der UdSSR. Theologie der blauen Eule, Bd. 2. Essen 1987, 2. Aufl. 1988. Wesentliche Auszüge veröffentlicht im »Korrespondenzblatt«, hrsg. vom Pfarrerverein der Ev.-Luth. Kirche in Bayern. Nr. 2 (Februar) und Nr. 3 (März) 1988.
Ähnlich: Sommer, N. (Hrsg.): Glasnost, Christen und Genossen. Wichern-Verlag, Berlin (West) 1988.

2 Gorbatschow, M.: Reden auf der Festsitzung und auf dem Treffen der Parteien und Bewegungen anläßlich des 70. Jahrestages der Großen Sozialistischen Oktoberrevolution Berlin (Ost) 1987. S. 73.

3 Lasswell, H.: The Structure and Function of Communication in Society. In: The Communication of Ideas. Ed. by Lyman Bryson. New York 1948.

4 Heine, H.: Zur Geschichte der Religion und Philosophie in Deutschland. 1834. Vorwort zur 2. Aufl. 1852.

5 Bonhoeffer, D.: Schöpfung und Fall. 1937. 3. Aufl. München 1955. S. 83.

6 Marx, K.: Zur Kritik der Hegelschen Rechtsphilosophie. 1844. In: Marx-Engels-Werke (MEW), Berlin (Ost) 1956 ff., Bd. 1, S. 385.

7 Ebenda, S. 378.

8 Orwell, G.: »1984«. 1948 (Diverse Angaben) 3. Teil, 2. Kapitel.

9 Ebenda.

10 Schlink, E.: Die Gemeinde Jesu Christi und die Anfechtung. Theologische Existenz heute, Heft 59. München 1938. S. 7.

11 Bonhoeffer, D.: Nachfolge. Berlin (Ost) 1954. S. 269.

12 Barth, K.: Kirchliche Dogmatik, Bd. III, 4. Zürich 1957. S. 585.

13 Thielicke, H.: Auf der Suche nach dem verlorenen Wort. Gedanken zur Zukunft des Christentums. Hamburg 1986. S. 13.

14 Vgl. Anm. 2, ebenda.

15 Barth K.: Ein Wort an die Deutschen. 1945. In: Der Götze wackelt. Zeitkritische Aufsätze, Reden und Briefe. Hrsg. von Karl Kupisch. Berlin (West) 1961. S. 95.

16 Vgl. dazu Hartmut Lenhard: Umkehren heißt – den Antikommunismus überwinden. In: »Offene Kirche«, Heft 4/87, S. 13:

> »Die positive Resonanz blieb deprimierend. Martin Niemöller erläuterte landauf landab die Schulderklärung, aber er mußte schließlich die düstere Bilanz ziehen: ›Ich habe zwei Jahre nichts anderes getan, als den Menschen diese Schulderklärung zu predigen – leider ohne Erfolg.‹ Und Gustav Heinemann erklärte 1950: ›Unser Volk hat uns diese Erklärung nicht abgenommen.‹«

17 Theologisches Lexikon. Hrsg. von H.H. Jenssen u. H. Trebs. Berlin (Ost) 1978. S. 94.

18 Karl Barth in einem Brief an Martin Niemöller am 28.9.1945 zur Vorbereitung der Stuttgarter Erklärung. Vgl. Anm. 17, ebenda, S. 388.

19 Übernommen von Hartmut Lenhard, vgl. Anm. 16, ebenda, S. 12.

20 Vgl. als Beispiel für ungezählte andere den Titel in Anm. 16.

21 So der Titel eines von Elisabeth Raiser hrsg. Sammelbandes (Siebenstern-Taschenbuch, Bd. 579, 1986), in dem sich namhafte Protestanten »für ein neues Verhältnis zur Sowjetunion« einsetzen.

22 Winzeler, P.: Schuldbekenntnis öffnet neue Wege. In: Neue Stimme, Heft 1/1988, S. 14.

23 Zink, J.: »Kommentar zum Weihnachtsfest« im Sender Freies Berlin, 24.12.1987, 13.10 Uhr.

24 »Neues Denken im Atomzeitalter«. Kirchenbund stellt »Verwandtschaft« der Ansichten heraus.

In: evangelische information – epd-Wochenspiegel, Heft 2/1987, S. 10.
25 Die Signale stehen auf Entspannung. Ebenda, Heft 26/1987, S. 4.
26 Übernommen von Wieland Zademach, vgl. Anm. 1, S. 27.
27 Vgl. Anm. 2, ebenda, S. 24.
28 evangelische information, Heft 47/1987,S.8
29 Man rechnet – bei allen Differenzierungen im einzelnen – in der Massenkommunikation mit fünf Phasen bei der Durchsetzung (Diffusion) einer neuen Idee, eines neuen Verhaltens usw., die unterschiedlichen Typen zugeordnet werden: Innovatoren – frühe Übernehmer – frühe Mehrheit – späte Mehrheit – Nachzügler. Vgl. dazu Alphons Silbermann: Handwörterbuch der Massenkommunikation und Medienforschung, 2 Bde. Berlin (West) 1982. Bd. 1, S. 65.
30 Vgl. Anm. 1, Nr. 3/1988, S. 40.
31 Vgl. Anm. 2, ebenda, S. 26.
32 Ebenda, S. 23.
33 Meissner, B.: Das Parteiprogramm der KPdSU. 1903 – 1961. Köln 1962. S. 188.
34 Ebenda, S. 229.
35 Ebenda, S. 222.
36 Vgl. Anm. 2, S. 36.
37 Lenin, W.I.: Der ›linke Radikalismus‹, die Kinderkrankheit im Kommunismus. In: Werke. Berlin (Ost) 1959 ff. Bd. 31, S. 91.
38 Gorbatschow, M.: Perestroika. Die zweite russische Revolution. Eine neue Politik für Europa und die Welt. München 1987. S. 334.
39 Clausewitz, C. v.: Vom Kriege. 1832. (Diverse Ausgaben). 1. Buch, 1. Kapitel, Ziffer 5.
40 Schmidt, P.: Statist auf diplomatischer Bühne. Bonn 1953. S. 350. Der Verfasser war Dolmetscher dieser Begegnung.
41 Vgl. dazu im einzelnen Michael Freund: Lohn der Angst. In: Die Gegenwart, Heft 3/1958, S. 7.
42 Die Kommunistische Internationale. Eine Dokumentation. Hrsg. von Hermann Weber. Hannover 1966. S. 318.

43 Interview mit dem Heeresinspekteur der Bundeswehr. In: DIE WELT v. 6.4.1988.
44 Ebenda.
45 Vgl. Anm. 2, ebenda, S. 72.
46 Ebenda, S. 69.
47 Marx, K.: Erste Adresse über den Deutsch-Französischen Krieg. In: MEW Bd. 17, S. 7.
48 Registerband I zu den Werken Lenins, Berlin (Ost) 1966. S. 175.
49 Lenin, W.I.: Unsere außen- und innenpolitische Lage und die Aufgaben der Partei. 1920. In: Werke Bd. 31, S. 406.
50 Lenin, W.I.: Antwort auf die Fragen des Korrespondenten der amerikanischen Zeitung »New York Evening Journal«. 1920. In: Werke Bd. 30, S. 357.
51 Ebenda, S. 359.
52 Ebenda, S. 358.
53 Vgl. dazu noch einmal Anm. 39.
54 Gollwitzer, H.: Kann ein Christ Marxist sein? In: Christliche Daseinsgestaltung. Hrsg. von H. Thielicke und H.H. Schrey. Bremen 1958. S. 374.
Gollwitzer verneinte *damals* diese Frage eindeutig; die »moralische Fassade« des Kommunismus könne eben nur noch unerfahrene Jugendliche und Völker täuschen.
55 Lenin, W.I.: Rede auf dem VII. Gesamtrussischen Sowjetkongreß 1919. In: Werke Bd. 30, S. 206.
56 Lenin, W.I.: Rede auf dem II. Kongreß der Kommunistischen Internationale. 1920. In: Werke Bd. 31, S. 213.
57 Kleines Politisches Wörterbuch. Hrsg. von einem Autorenkollektiv des Dietzverlages. 4. Aufl. Berlin (Ost) 1983. S. 277.
58 Vgl. dazu im einzelnen das Lehrbuch für die Funktionärsschulung in der UdSSR und anderen Ostblockstaaten von W.W. Sagladin: Die kommunistische Weltbewegung. Abriß der Strategie und Taktik. Moskau 1972, dt. 1973.
59 Vgl. Anm. 2, S. 71.
60 Ebenda, S. 75.
61 Ebenda, S. 73.
62 Ebenda, S. 74.

63 Vgl. Anm. 57, ebenda.
64 Barth, K.: Eine Schweizer Stimme 1938 – 1945. Zürich 1945. S. 63 f.
65 Vgl. Anm. 2, ebenda, S. 24 f.
66 Ebenda, S. 25.
67 Ebenda.
68 Lenin, W.I.: Rede auf dem XI. Parteitag der KPR (B). 1922. In: Werke Bd. 33, S. 301.
69 Ebenda.
70 Lenin, W.I.: Brief an den Parteitag vom 23./24.12.1922. In: Werke Bd. 36, S. 579.
71 Ebenda, S. 580.
72 Rauch G.v.: Geschichte des bolschewistischen Rußland. Frankfurt/M. 1963. S. 170.
73 Stalin, J.W.: Zum Tode Lenins. 1924. In: Werke Bd. 6, S. 43.
74 Stalin, J.W.: Schlußwort auf dem XIII. Parteitag der KPR (B). 1924. In: Werke Bd. 6, S. 204.
75 Vgl. Anm. 37, ebenda, S. 57.
76 Ebenda, S. 54.
77 Luxemburg, R.: Zur russischen Revolution. 1918. In: Gesammelte Werke. Berlin (Ost) 1972 ff. Bd. 4, S. 362 f.
78 Graf Huyn, H: Der Angriff. Der Verstoß Moskaus zur Weltherrschaft. Wien/München 1978. S. 26f.
79 Koenen, G.: Die großen Gesänge. Lenin, Stalin, Mao, Castro. Sozialistischer Personenkult und seine Sänger. Frankfurt/M. 1987. Zitiert aus dem Umschlagtext.
80 Vgl. die ausführliche Darstellung Koenens, Anm. 79.
81 Barth, K.: Die Kirche zwischen Ost und West. 1949. In: Der Götze wackelt. Zeitkritische Aufsätze, Reden und Briefe. Hrsg. von Karl Kupisch. Berlin (West) 1961. S. 137.
82 Vgl. Anm. 79, ebenda, S. 175.
83 Noelle-Neumann, E.: Die Schweigespirale. Öffentliche Meinung – unsere soziale Haut. München 1980. S. 62.
84 Vgl. dazu im einzelnen Konrad Löw: Warum fasziniert der Kommunismus? Eine systematische Untersuchung. Köln 1980.

85 Brecht, B.: Wer aber ist die Partei. In: Brecht-Lesebuch. Hrsg. vom Aufbau-Verlag Berlin und Weimar 1964. S. 29.
86 Übernommen von Friedrich August Hayek: Der Weg zur Knechtschaft. München 1976. S. 160.
87 Vgl. dazu im einzelnen Anm. 79.
88 Übernommen aus »Schweizerzeit« v. 3.6.1988.
89 Kuczynski, J.: Dialog mit meinem Urenkel. Neunzehn Briefe und ein Tagebuch. Berlin (Ost) 1983. S. 84 f.
90 Scharf, K.: Der Antikommunismus als Schuld der Kirche. In: Brücken der Verständigung, vgl. Anm. 21, ebenda, S. 129.
91 Jünger, E.: Blätter und Steine. 1934.
92 These 6 der Barmer Theologischen Erklärung.
93 Steinbuch, K.: Ja zur Wirklichkeit. Stuttgart 1975. S. 275 f.
94 Ruffmann, K.-H.: Fragen an die sowjetische Geschichte. Von Lenin bis Gorbatschow. München 1987. S. 200.

Über den Autor

Klaus Motschmann, geboren am 4. März 1934 in Berlin.
Studium der Ev. Theologie, der Politologie und der Neueren Geschichte in Ost- und West-Berlin. Diplom-Politologe 1960. Promotion 1969. Seit 1971 Professor an der Hochschule der Künste in Berlin.
Stellv. Vorsitzender der Evangelischen Notgemeinschaft in Deutschland und Mitglied des Leiterkreises der Evangelischen Sammlung Berlin.
Schriftleiter des Monatsblattes der Evangelischen Notgemeinschaft »Erneuerung und Abwehr«.

Zukunfts-Chinesisch

von
Eduard Ostermann

Paperback
Nr. 56.607
180 Seiten
ISBN 3-7751-1228-6

Was ist von den vielen einander widersprechenden Prognosen zur Zukunft zu halten? Politiker und Philosophen haben in Büchern und Zeitschriften positiv und machbar klingende Krisen-Konzepte vorgelegt. Dr. Ostermann analysiert Aussagen von Willy Brandt, Kurt Biedenkopf, Erich Fromm, Aurelio Peccei, Wolfgang Roth und Lothar Späth. Er ruft wissenschaftlich gesicherte Fakten der Begrenzung unserer Ressourcen ins Gedächtnis. Als Experte für Wirtschafts- und Zukunftsfragen bietet der Autor eine faszinierende Zusammenschau harter Tatsachen und christlicher Aussagen. Er entwickelt die Dimension einer realistischen Hoffnung, die uns vor zwei folgenschweren Fehlern bewahrt: Unrealistischen Erwartungen und davor, den Kopf in den Sand zu stecken.

3. Die Krise und die Chance

Es geht mir nicht um Buchstaben, um Druckerschwärze, auch nicht um das Schreiben eines Sachbuches. Bücher, besonders Sachbücher, können so unpersönlich sein. Und wir leben in einer Zeit der Unpersönlichkeit, in einer Epoche der Angst, in der die Medien nur allzuoft unseren Lebensinhalt bestimmen wollen.

In Wirklichkeit tragen wir aber alle nur Masken, in Wirklichkeit haben wir Kummer und Sorgen und täuschen unsere Umwelt, in Wirklichkeit sind wir sehr, sehr einsam. Und deshalb lege ich soviel Wert darauf, daß Sie dieses Buch mitdenken. Wir brauchen uns nicht wie Schafe zur Schlachtbank führen zu lassen; wir sind nicht zum Vegetieren, sondern zum Leben geschaffen.

Die Krise und Chance – bei uns sind das zwei Begriffe, in China gibt es dafür nur ein kombiniertes Schriftzeichen. Beide Worte hängen eng zusammen. In der Krise wird nach einem Ausweg, nach einer Rettung, nach einer Erlösung, nach einer Möglichkeit, die Krise zu überwinden, gesucht. Wir suchen eine Chance.

In diesem Abschnitt nehmen wir die Begriffe »Krise« und »Chance« sehr ernst. Wenn wir die Krise nicht überwinden, führt sie zu einem Zusammenbruch, zum Tod. Und wenn wir die richtige Chance ergreifen, führt sie zum Leben.

3.1 Die Krise in der Rückschau

Wir müssen nochmals zurückschauen und das bisher Geschriebene zusammenfassen. Wir Menschen neigen dazu, rasch etwas emotionell zu erfassen, und das trübt immer den Blick. Dem ersten Abschnitt gaben wir die Überschrift »Auf dem Weg in die Katastrophe«. Darin hoben wir besonders hervor, daß unsere Erde eine einmalige Konstruktion ist, daß es weder eine Ersatzerde noch einen Notausgang gibt und daß es auf einer so begrenzten Erde kein unbegrenztes Wachstum geben kann.

Wir gingen vom Begriff »Wirtschaft« aus, zerlegten dieses Wort in seine Inhaltsbestandteile Erde, Mensch, Produktion, Verbrauch und Arbeit und stellten dabei fest, daß allen diesen Elementen sehr enge Grenzen gesetzt sind.

Unsere sechs Autoren sehen die Weltsituation ähnlich wie wir. Lassen wir in diesem Zusammenhang Kurt Biedenkopf sprechen: »Wieder einmal hat die Menschheit in ihrer Entwicklung einen Punkt erreicht, an dem es scheint, als seien die Grenzen und die Beschränkungen, die ihr gesetzt sind, größer als ihre Möglichkeiten. Zum ersten Mal sind wir mit der Endlichkeit der Welt und ihrer bekannten Möglichkeiten und Vorräte und nicht nur mit der Beschränkung unserer augenblicklichen Fähigkeiten konfrontiert« (S. 34/35).

Wir befinden uns, und das ist unumstritten, in einer noch nie dagewesenen, einmaligen, kritischen Situation, die durch das rapide Anwachsen der Weltbevölkerung noch täglich verschärft wird.

Dem zweiten Abschnitt gaben wir die Überschrift »Noch tiefer in das Chaos hinein«. Wir gingen vom philosophischen Begriff »Grunderlebnis« aus und stellten fest, daß sich alle politischen Programme, alle Philosophien, ja sogar alle Publikationen auf ihr Grunderlebnis, d.h. auf ihre Urbasis zurückführen lassen. Es gibt, wie wir sahen, nur zwei Grunderlebnisse: das empiristische mit dem evolutionistischen Menschenbild und das idealistische Grunderlebnis, das im Menschen eine Schöpfung Gottes sieht. Die Evolution, wie sie im empiristischen Grunderlebnis gelehrt wird, geht davon aus, daß sich die Materie von selbst so organisierte, daß daraus Leben entstand und daß aus diesem Leben durch den Mutations-Selektionsmechanismus die Arten und auch der Mensch entstanden seien. Die Evolution basiert auf den naturwissenschaftlichen Erkenntnissen des vorigen Jahrhunderts, Erkenntnisse, die schon seit vielen Jahren überholt sind, wie wir eingehend festgestellt haben. Nur die Gesellschaftswissenschaften scheinen das noch nicht erfaßt zu haben und klammern sich verbissen an diesen alten, unrealen, nicht stimmenden Erkenntnissen fest. Sie wollen nicht wahrhaben, daß die Basis all ihrer Überlegungen, all ihrer Programme falsch ist.

Unsere sechs Autoren basieren ihre gesamten Zukunftsprognosen auf falschen Hypothesen und führen uns deshalb nicht aus der Katastrophe hinaus, sondern tiefer in das Chaos hinein. Ein hartes Urteil? Nun, alle sechs Autoren verkaufen Hoffnung, bieten Lösungsvorschläge, Krisenprogramme an und müssen es sich daher gefallen lassen, daß wir uns ihre rosarote Brille, mit der sie die Welt betrachten, genauer ansehen. Und eben der Blick durch diese Brille erweist sich als falsch. »Die Naturwissenschaft kennt keine Evolution« – unter diesem Titel ist sogar ein Buch erschienen. Aber das hat alles nicht geholfen. Die Gesellschaftswissenschaften wollen eben die Wahrheit nicht zur Kenntnis nehmen.

Ist es nicht unverständlich, daß intelligente, gebildete, in der Gesellschaft anerkannte Menschen wie unsere sechs Autoren, sich an etwas anklammern, das längst überholt ist, und daß sie ihre rosarote Brille aus dem Ladenhüterarsenal der Naturwissenschaft entnommen haben? Ist es nicht unbegreiflich, daß die Boulevardpresse, die Medien und die Tagesschauen, die ja sonst immer das Gras wachsen hören, hier noch nicht erkannt haben, daß sie ganz unrealistische Programme mit völlig falschen Vorschlägen angeboten bekommen? Vorschläge, die nicht aus der Krise heraus, sondern noch tiefer in sie hineinführen.

Wo liegt hier die Lösung? – in der Befreiung vom materialistischen Denkschema. Und so möchte ich hier nochmals Prof. Dr. Vollmert zitieren:

> »Mit der Frage nach der Entstehung des Lebens ist es in dieser Hinsicht wie mit der Frage nach der Entstehung der Materie. Als Albert Einstein von einem Journalisten einmal danach gefragt wurde, soll er als Antwort nur mit dem Finger nach oben gedeutet haben. Diese bescheidene Geste des großen Physikers nehme ich auch als die unter naturwissenschaftlichen Aspekten einzig angemessene Antwort auf die Frage nach der Entstehung des Lebens, das mehr ist als selbstorganisierte Materie.«

Und hier noch ein weiteres Zitat von Einstein: »Es gibt nur eine Stelle auf der Welt, wo es nicht dunkel ist: das ist Jesus Christus.«

3.2 Die Krise in der Vorschau

Wie soll es nun weitergehen? Was können wir wirklich erwarten? Wenn die Lehren unserer sechs Autoren falsch sind, so müßte doch das tiefgreifende Auswirkungen auf unsere Zukunft haben.

Ich habe unsere sechs Autoren ganz gezielt ausgewählt. Alle sechs verkörpern wichtige Gruppen und Ansichten unserer Gesellschaft. Die Autoren haben nur das niedergeschrieben, was viele Menschen, viele Wähler, wohl die überwältigende Mehrheit denkt. Solange es kein allgemeines Umdenken gibt, wird es weitergehen wie bisher.

Und was geschieht mit unseren sechs Autoren?

- Kurt Biedenkopf vertritt die härtesten Ansichten. Er glaubt nicht nur, daß die Arten durch die Auslese, wie Darwin es nennt (also durch Selektion), entstanden seien, sondern geht noch einen Schritt weiter. Er ist der Meinung, daß sich auch die Kulturen nach diesem Prinzip entwickelt hätten. An Stelle der Auslese oder Selektion verwendet Biedenkopf das Wort »Wettbewerb«. Durch den Wettbewerb habe sich der Mensch entwickelt und durch den Wettbewerb könne man auch die Krise überwinden und die Aufwärtsbewegung wieder einleiten.

  Beim Wettbewerb gibt es aber nur Sieger; zweite und dritte Plätze werden nicht vergeben. Beim Wettbewerb bleiben also viele Besiegte übrig. Die Besiegten entscheiden aber die Wahl. Und daher wird Kurt Biedenkopf, außer gelegentlichen Erfolgen, kein Dauererfolg beschieden sein. Die Ordo-Lehre Biedenkopfs hat keine Zukunft und wird auch die Zukunft nicht mitbestimmen.

J. Schniewind/O. Michel
Vollmacht
64 S., Nr. 57.380, DM 4,80
ISBN 3-7751-1326-6

Prof. Julius Schniewind und Prof. Otto Michel skizzieren die neutestamentliche Auffassung der Auswirkung der „vollen Macht Gottes“ im Leben einzelner und in der Gemeinde. Aktuelle Fragestellungen zum Thema „Gemeindeaufbau“ werden hier auf biblischen Grund geführt.

Ernst Lerle
Moderne Theologie unter der Lupe
Pb., 112 S., Nr. 57.338, DM 14,80
ISBN 3-7751-1272-3

Eine kritische Auseinandersetzung mit „bibelkritischen Tendenzen“ in der Theologie der vergangenen 40 Jahre. Ein informatives Buch für interessierte Gemeindemitglieder, Mitarbeiter und Theologen.

Hartmut Kreikebaum
Kehrtwende zur Zukunft
Pb., 176 S., Nr. 57.339, DM 16,80
ISBN 3-7751-1268-5

Spätestens seit Tschernobyl ist klar, daß wir unsere Welt nicht mehr ignorieren können. Kreikebaum, Wirtschaftswissenschaftler, zeigt Dinge auf, die wir tun können, um positiv zum Umweltgeschehen beizutragen. Voraussetzung dafür ist ein neues Denken im privaten als auch im unternehmerischen Bereich.

Bitte fragen Sie in Ihrer Buchhandlung nach diesen Büchern!
Oder schreiben Sie an den Hänssler-Verlag, Postfach 12 20,
D-7303 Neuhausen/Stuttgart.

Klaus Motschmann
Angst als Waffe
Pb., 64 S., Nr. 57.312, DM 6,80
ISBN 3-7751-0926-9

Angst wird heute oft als politische Waffe eingesetzt. Der Autor macht die lähmende Wirkung dieser „Grundbefindlichkeit unserer Existenz“ bewußt. Aus dem Bann der um sich greifenden und systematisch ausgenutzten Angst werden wir nur befreit, wenn wir uns auf Christus als den Herrn der Geschichte besinnen.

Joachim Cochlovius
Strategien für eine bessere Welt
Pb., 120 S., Nr. 57.310, DM 13,80
ISBN 3-7751-0927-7

Diese „kritische Kurzdarstellung moderner Befreiungskonzepte“ setzt sich mit den säkularen Heilshoffnungen unserer Zeit auseinander. Ausgehend vom Denken der „Frankfurter Schule“ entstanden u.a. Theologien der Hoffnung, der Revolution, der Befreiung sowie die feministische Theologie. Sie erfahren jeweils etwas über Theorie, Zielsetzung und Wirksamkeit dieser Bewegungen heute.

Rudolf Decker
Operation Umwelt
Ideen zur Bewältigung einer Krise
Geb., 464 S., Nr. 79.101, DM 39,80
ISBN 3-7751-1264-2

Der Autor beklagt nicht ein Szenario des Untergangs, sondern legt konkrete „Ideen zur Bewältigung der Krise“ vor. Für die zukunftsorientierte Gestaltung des menschlichen Lebensraums mit Verkehr, Städteplanung, Industrie und Landwirtschaft ist dieses Buch unentbehrlich.

Bitte fragen Sie in Ihrer Buchhandlung nach diesen Büchern!
Oder schreiben Sie an den Hänssler-Verlag, Postfach 12 20,
D-7303 Neuhausen/Stuttgart.